太極拳の源流を求めて

——十三勢套路の発見——

陳　崢　著

二玄社

太極拳の源流を求めて

——十三勢套路の発見——

目 次

序章

1．はじめに

西暦2000年は、中国語で千禧年《せんきねん》と言い、つまり、千年に一度の喜びという意味です。千禧年をきっかけに一念発起し、研究テーマを考えた末に「太極拳の技術変遷の歴史」を探ってみようと決めました。

太極拳の歴史研究といえば中国には二人の偉大な学者がいました。その名前は唐豪《とうごう》*1（1896〜1959)、顧留馨《こりゅうけい》*2（1908〜1990）です。私は昔から唐豪、顧留馨両先生の著作が大好きで、学生時代から両先生の本をたくさん読みました。今度の研究も両先生の《太極拳研究》*3を読み返すことから始めたのです。

《太極拳研究》には三つの特徴があると思います。すなわち、史料の信頼度が高いこと、厳密にその史料を分析していること、そして太極拳の歴史を正しく人々に伝えようという意志です。両先生の研究成果によれば、太極拳は清の初め頃に河南省温県陳家溝《ちんかこう》*4の陳王廷《ちんおうてい》（1600〜1680）によって創られたという結論が出されています。

太極拳の技術変遷史の研究は当然ながら太極拳の起源にも直接関係しますので、両先生の《太極拳研究》を繰り返し、繰り返し読みました。その研究は技の進化あるいは変遷によって太極拳が受ける影響や套路風格の変化を中心とするもので、人物による伝承の歴史より套路技術の変化を優先するものです。

いろいろな史料を調べていく過程で、一つの「エラー」を発見しました。それは十三勢《じゅうさんせい》という套路に関することです。

---

*1　中国武術史の研究家 。

*2　太極拳家、太極拳理論研究家。

*3　1964年、中国人民体育出版社、唐豪・顧留馨著。

*4　河南省温県にある農村。陳式太極拳の発祥の地と言われている。

太極拳はもともと十三勢と言う——代々の太極拳の先生はこう伝えてきました。しかし十三勢はどんな套路なのか、いまだに確認されていません。《太極拳研究》の中には「十三勢架」という古い套路名称が記載されていますが、私の研究はその「十三勢架」の中の拳術套路の復元*5から始まったのです。

唐豪、顧留馨両先生の《太極拳研究》の中では、十三勢は河北省永年県の武式太極拳の創始者武《ぶ》禹《う》襄《じょう》（1812～1880）によって創られた套路だという結論が出ていました。しかし、この套路は名称こそ文献に記録されていますが、実際に十三勢套路を練習する人を私は見たことも聞いたこともありません。十三勢を掘り下げて追求していくとさまざまな疑問が出てきたので、十三勢を復元してみようと思い立ったのです。復元の道は平坦ではありませんでしたが、いろいろな史料を調べながら３年間を費やし、漸くその姿が見えてきました。

十三勢の構図を見た途端、嬉しいというよりびっくりしました。さらに、その構成と布局を考察してみると、びっくりというより興奮してしまいました！　なぜなら十三勢の套路は《太極拳釈名》という拳譜とぴったりと一致したからです（具体的な内容は第１章をご覧ください）。

十三勢を復元したあと、十三勢の歴史、形成の理論根拠、変遷などについて調べました。結論から言いますと、陳式太極拳、楊式太極拳、武式太極拳はすべて十三勢を母体として生まれたもので、十三勢こそ太極拳の源流に違いないのです。この本は、そのような太極拳の源流としての十三勢について述べていくものです。

唐豪先生は日本留学の大先輩で、顧留馨先生は私の修士論文の審査委員を務めてくださった方で、私は、唐豪、顧留馨両先生をとても尊敬し、両先生の太極拳や武術研究の著作をたくさん読み、太極拳の研究においてこれまで20年以上も影響を受けてきました。そんな私が今になって、両先生の研究観点に異論を唱えることになってしまい、とても複雑な心

---

*5　ここでの復元とは、文献に残された套路名称の動作を具体化すること。

境です。しかし、私は唐豪、顧留馨両先生の著作から多くのものを学んだだけでなく、両先生の太極拳、武術に対する科学的態度と、その真実を明らかにし、正しく後世に伝えていくという姿勢に深く学ばされました。

太極拳の起源はとても興味深い問題ですが、歴史が長いうえに、史料が極めて少ないため、とても複雑な問題でもあります。このような研究は何代にもわたる人々の努力が必要だと思います。今回の研究は、結論としては唐豪、顧留馨両先生の研究と異なりますが、根本においては両先生の研究に基づき、近年来新しく発見された史料を加えて成り立っているものです。こういう立場から考えますと、両先生の研究の継承とも言えるでしょう。したがって、両先生を良いお手本として、客観的立場に立ち科学的態度をもって、事実に基づき、太極拳の源流を求めていったのです。

今回、私が研究した結果を発表するにあたり、正しく伝えるには三つの限界があるとしみじみ感じています。すなわち①言葉の限界、②易学と歴史の知識の限界、③太極拳に対する理解の限界です。したがって私はこの本の中で一切飾ることなく、ありのままに、皆さんに太極拳の真実そのものを伝えていきます。どうぞ、忌憚なき御意見をお寄せ頂ければ幸いです。

2．太極拳の歴史研究の現状

太極拳の本来の名称は十三勢と言い、太極拳変遷の歴史からいうと十三勢が先にあり、その後、歴史の流れの中で十三勢が太極拳という名称に変更されたのです。太極拳の起源については明確な記録がないので、少なくとも清の時代から太極拳家や学者たちはその起源を探し続けてきました。そのため、太極拳の起源についてはさまざまな説がありますが、これらの諸説を熟慮すると主に次の三つに整理することができます。

①清の初期に河南省温県陳家溝の陳王廷が創拳

②12世紀の宋の徽宗《きそう》時代（1101～1125）に武当山丹士・張三峯《ちょうさんぽう》が創拳

③14世紀の元末～明初の頃、武当山雲遊（住所不定）道士・張三丰《ちょうさんぽう》が創拳

（1）陳王廷創拳の説

1932年1月2日、唐豪先生は陳家溝の拳師・陳子明《ちんしめい》が帰省する際に同行して、太極拳の歴史について調査を行い、遂に、陳家溝の第九代目・陳王廷が清代の初め頃に陳式太極拳を創った、と結論づけたのです。しかし、これより前には陳王廷創拳説は、その噂さえ聞いたことがありませんでした。たとえば、同じ陳家溝の第十六代目の陳鑫《ちんきん》（1849～1929）は11年の歳月をかけて《陳氏太極拳図説》*6を著し、その本の「陳氏家乗・陳王廷伝」に「陳王廷は太極拳に精通する」と書きましたが、太極

---

*6 《陳氏太極拳図説》は原書を《太極拳図画講義》という。1932年、唐豪先生が陳家溝で発見し、当時の河南国術館に出版を依頼した。出版する際、唐豪先生の意見で《陳氏太極拳図説》に名称を変えた。

拳を創ったとは書いていません。

陳王廷創拳については、次の三つの具体的な根拠があります。

①《陳氏家譜》(陳家の家系図)では、陳王廷が山東省の名手と呼ばれ、陳氏拳手、刀、槍の創始者とされている。

②陳王廷の《遺詞》には、「忙しい時に農作業をし、寂しい時に拳を造り(造拳)、暇があれば子孫に教える。龍になるも虎になるも、努力次第である」という教訓が書かれてある。

③《太極拳研究》によれば、陳王廷は明代の軍事家・戚継光《せきけいこう》(1528~1587)の《紀效新書・拳経捷要》に基づいて太極拳を造ったと言う。

以上の三点から、陳王廷が陳式太極拳を造ったということは確かなように思われます。しかし、問題はなお残されています。それは陳王廷「造拳」という言葉の意味です。「造」とは一から太極拳をつくることではなく、拳を改造することとも推察できるので、私は陳王廷が造拳する以前の拳術を探る必要があると考えました。つまり陳王廷は、陳式太極拳を造ったことは事実であるとしても、陳氏太極拳はあくまでも陳家溝の太極拳であり、太極拳の原点とは言えません。一方、陳鑫の「陳氏家乗・陳王廷伝」にある「陳王廷は太極拳に精通する」という記述は、陳王廷が太極拳を造る前にすでに太極拳があったことを意味する、と私は理解したのです。

(2) 宋の時代、張三峯創拳の説

張三峯が太極拳を創ったという説は、楊式太極拳、武式太極拳、呉式太極拳の門人には信奉者が多く、楊式太極拳を代表する太極拳家・楊澄《ようちょう》甫《ほ》[*7](1883~1937)も張三峯創拳を信じていたと伝えられています。しかし、張三峯創拳説は時代があまりにも古く、その根拠にはいまだに謎が多く、解明されているとは言えません。とはいえ史料としては、およ

＊7　楊禄禅《ようろくぜん》の孫。伝統楊式太極拳八十五式を制定した人。

そ次の二種類の根拠があります。

①清の時代の康熙8（1669）年、黄宗羲《こうそうぎ》の《王征南墓誌銘》の中で「いわゆる内家拳は静を以て動を制し、攻められたらすぐ捕まえる。したがって少林外家とは別である。内家拳はおそらく、宋の張三峯から始まる。三峯は武当丹士であり、宗の徽宗皇帝（1082〜1135）の招見を受けて行く途中、山賊に遭い行く手を阻まれ、その危難の際、夢の中に玄武《げんぶ》大帝が現れ拳法を伝承した翌日、単身で百人余りの山賊を退治した」と記載されている。これが史料の中で最も古いものだが、その他にも清・雍正年間の《寧波府誌・張松渓伝》に同様の記載がある。

②清の時代の同治6（1867）年、武式太極拳宗師・李亦畲《りいしゃ》（1832〜1892）が《太極拳小序》で「太極拳は宋の張三峯から始まった」と書いた。しかしのちに、「太極拳は誰から始まったのかわからない」と書き直している。その後、武禹襄の孫・莱緒《らいしょ》が《先王父廉泉君行略》の中で同じように張三峯が太極拳を創ったことを強調している。

（3）14世紀の元末明初、雲遊道士・張三丰創拳の説

この説はおそらく、1900年代の初め頃に流行し始めたのでしょう。前述したように黄宗羲は宋の張三峯が「内家拳」を創ったと書きましたが、内家拳と太極拳はまったく同じものではなく、元末の張三丰であると言い換えたということも考えられます。峯と丰は中国語の発音も同じなので（feng）、混同した可能性も充分ありえることです。

1935年、杜元化《とげんか》は《太極拳正宗》の中で、太極拳が張三丰によって創られたと書きました。《太極拳正宗》の中の太極拳は、今風に言いますと趙堡架《ちょうほか》（小架《しょうか》とも言う）です。当然、趙堡架の門人は今も張三丰創拳を持論としています。確かに、趙堡架と陳式太極拳の発祥地は地理的にとても近いので、何か関連があるとは思いますが、十三勢とはまったく

違いますので、その起源も異なると私は考えています。

太極拳の本やネット検索では、ほとんど陳王廷造拳の説が主流ですが、《中国武術百科全書》を読めば、各説は並行していて、民間では今でも張三峯造拳の説が根強く信じられています。

私見では、太極拳が三百年余りの歴史しかないという説はとても信じられません。創拳の根拠は、やはり太極拳自身から探らなければならないでしょう。なぜなら太極拳套路自身がまるで一冊の古い「本」のようなもので、太極拳の起源、文化、健康思想などが、すべてこの「本」の中に刻まれているからです。太極拳の套路という「本」を解読できたら、太極拳のすべての謎は自然に解けると思います。

「太極拳の歴史は古ければ良い」などとは言いません。けれども太極拳の歴史を深く掘り下げ、そして、その真実を明らかにして伝えていくことは、太極拳の発展にとっても、また今現在太極拳を愛好する人々にとっても、一番大切なことだと思うのです。

3．太極拳のルーツ

太極拳の源流はどこにあるのでしょうか？　少なくとも百五十年前から太極拳家たちは探し続けてきました。

すでに触れましたが、武術考証家・唐豪先生は1932年1月2日、陳家溝に行って太極拳の歴史を調査し始めました。この時の調査に基づき、清代末に陳家溝の第九代目・陳王廷によって太極拳が創られ、陳式太極拳が太極拳諸流派の源流であるとの結論を得ることになりました。さらに、太極拳理論家・顧留馨先生が1964年、唐豪先生との共著《太極拳研究》において、唐豪先生の結論を支持しました。これ以来、唐、顧両先生の陳王廷創拳の説は中国を中心に世界に広がるようになりました。

中国では太極拳＝十三勢という考え方が一般的ですが、実際に古くから伝えられた文献をよく調べますと、十三勢は太極拳の前身であり、時代経過につれて内容が変化し、名称も十三勢→太極拳十三勢→太極拳というように変遷したのです。現在、太極拳には五つの流派（陳、楊、武、呉、孫）があると言われていますが、今回の研究によって、十三勢こそが太極拳諸流派の源流であると結論づけることができました。すなわち太極拳は十三勢から変化し（直接的にあるいは再変化して）五つの流派になったのです。十三勢から太極拳の五流派が生まれ、さらにこれらの伝統太極拳*8諸流派から今日の国家規定太極拳が生まれました。

しかし、とても残念なことに、十三勢という太極拳の源流は失伝してしまいました。十三勢が失伝したことによって、太極拳の拳理が乱れることになったのです。

流派形成の過程がとても複雑なのは、ほとんど太極拳の拳理が乱れた

---

*8　伝統太極拳とは、新しい国家規定套路に対して、陳、楊、武、呉、孫の五式太極拳を指す。

ことによるものと私は考えます。流派自体を非難することではありません。ですが、よく調べてみると、十三勢の失伝と太極拳諸流派の形成は、ほぼ同時進行していることがわかりました。たとえば十三勢を太極拳十三勢に創り直した時点で十三勢の失伝はすでに始まっており、太極拳十三勢を楊式太極拳に改編する時点で太極拳十三勢の失伝も始まっているのです。

十三勢の套路は太極*9の原理に基づいて創られたものです。つまり十三勢を創編する時に套路と太極の原理が併存し、その太極の原理は十三勢套路の動作の順番と構図を固定するために、きわめて大きな役割を果たしました。しかし、ある時期に十三勢の拳譜が失われ、套路技術だけが代々伝承され続けるようになりました。拳譜が失伝してから時が長く経つと、太極拳家は本来の拳譜の内容がわからなくなり、自ら十三勢を改編するようになり、太極拳家とその弟子たちは改編された“新”太極拳を練習し始め、結果として十三勢という太極拳の原点套路も失伝してしまったのです。

十三勢套路を創る時、当然ながら十三勢あるいは太極拳専用の動作はなかったため、すべての動作は長拳*10から“借りてきた”のです。では、十三勢は長拳の動作を借りて、どのような拳を創ったのでしょうか？　譬えを用いて説明しましょう。

私たちが食事をする時、食卓の上にはいろいろな形のお碗やお皿が並んでいますが、これらのきれいな食器は食欲を促進する効果もあり、目でも楽しめます。しかし、これらの食器自体は食べられず、人々はその食器に入った栄養物を食べて元気になり、生きていきます。十三勢も、もともとそのようなものでした。

つまり、長拳から“借りてきた”動作は食器であり、これらの動作を通じて太極の原理を基に練習し、その原理を栄養として体に良い影響を

---

*9　「易」の宇宙生成論において、陰陽思想と結合した宇宙の根源として重視された概念。

*10　長拳とは中国拳術の分類基準の一つ。動作が大きく技の変化に豊み自在性がある。

与えようとしたのです。したがって太極の原理が乱れれば太極拳に関する健康理論も乱れてしまい、太極拳の本来あるべき形も乱れるという結果になります。さらに、太極拳の原点が失われれば、太極拳の発展の方向にも悪い影響を与えてしまいます。

ですから、太極拳の原点を把握し、今の太極拳も理解してこそ、新しい太極拳の姿を想定できるはずだと思うのです。太極拳の原点を失い今現在の太極拳しかわからなければ、太極拳の発展すべき方向もわからなくなってしまいます。今日に至るまでの太極拳の歴史に立ち入って考察する時、その影響は計り知れないものであることに気づかされます。我々のこの時代は、原点が失われ、太極拳の発展方向が迷走している時代とは言えないでしょうか？

十三勢は太極拳の源流であるだけでなく、健康のもとでもあります。今までの太極拳に関する健康の考え方は、ほとんど十三勢に対する論述を引用したものです。たとえば、「詳推用意終何在、益寿延年不老春」（十三勢の目的をよく考えれば、やはり健康の増進と長生きにあり、若さを保つことだろう）という名言があって、太極拳を練習する人々はよくこの言葉を使って太極拳は体に良いと説明します。しかし、この名言はもともと《十三勢行功歌》から引用されたもので、十三勢という套路に対する説明なのです。

太極拳と太極文化には密接な関係があります。太極文化がなければ、太極拳が生まれるはずはありません。太極文化があるからこそ、太極拳は魅力あふれるものとなったのです。

残念なことですが、長い歴史の中で太極拳が変化するたびに、その中身や健康に関する思想が失われていき、もはや表の形しか残されていないのではないでしょうか。今は健康を重視し、また伝統文化も重視する時代です。この時代の流れの中で太極拳の原点である十三勢を研究することは、大きな意義を持つと思います。

（1）十三勢について

十三勢は、武式太極拳の拳譜*11に記載されています。とはいえ十三勢は、武式太極拳の創始者・武禹襄が楊式太極拳の套路に基づいて改編したものだとされたことから、いままで、さほど重視されていませんでした。しかし「廉譲堂《れんじょうどう》本太極拳譜」*12を検討すると、いくつかの疑問点が出てきました。

第一に、武式太極拳の拳譜の内容は《太極拳釈名》が首篇で、次に《十三勢架》に套路の内容が記され、その後に武式太極拳の源流套路と思われる《各勢白話歌》が記載されています。私にはこの順番がとても不自然であると同時に、とても不思議に感じられました。

第二に、従来の研究によりますと、武禹襄が河南省温県趙堡鎮《ちょうほちん》の陳清萍《ちんせいへい》（1795～1868）の小架*13（趙堡架とも言う）を学んだうえで武式太極拳を創ったと言われてきましたが、このことに疑問を感じました。問題は、なぜ武式太極拳の動作名称が小架と違って、十三勢とほぼ同じであるのか、です。私は前述の通り2000年以来、太極拳の技術変遷の歴史を研究する一環とし、十三勢套路を復元することを試みてきました。その結果、十三勢套路は《太極拳釈名》の原理と完全に一致しました。また、《各勢白話歌》の動作内容は、ほとんど十三勢の動作内容を記述したものでした。

第三に、十三勢の套路はいわゆる楊式太極拳と比べると起勢（太極起勢）、斜飛式、双峰貫耳、海底針、撇身捶、白蛇吐信、収勢（合太極）の式名がありませんが、あとの30余りの式名については両式がまったく同じです。

楊禄禅《ようろくぜん》（1799～1872）が陳家溝の老架《ろうか》*14を学び、1852年以降北京に

---

*11　武術の一門一族の師から後継者へ伝えられる秘伝の武術文献。一般的に手書きの文献が多い。

*12　清代、李亦畬が編集した太極拳文献。唐豪先生はこの拳譜を考証した。

*13　陳式太極拳と深い関係がある短拳の一種。

*14　陳家溝の代表的な太極拳で、動作が少し大きく独特な勁力を使う。

行き、健康のために、陳式太極拳の套路の中の発勁や跳躍の動作を取り除いて楊式太極拳を創り上げたと言われています。しかし、上記の私の検証によって、少なくとも1852年以前に十三勢の套路もすでに存在していたことが明らかになったのです。そしてその動作は、楊式太極拳とほぼ同じなのです。このことは、いわゆる楊式太極拳の動作が楊禄禅の創ったものではなく、楊禄禅以前にすでに存在していたことを意味します。

だとすると、太極拳の起源、技術の変遷、流派の形成等々すべての問題をもう一度洗い直さなければなりません。十三勢を始原とする太極拳の歴史が浮き彫りになってきたからです。これらの問題がすっきりと解決しない限り、太極拳の技術の進歩は期待できないものと、私は考えます。

（2）太極拳に対する認識について

現在は太極拳の繁栄の時代と言えますが、太極拳のない時代とも言えるかも知れません。なぜならば、太極拳の套路はたくさんあるにもかかわらず、これらの套路（五つの流派を含めて）はすべて拳理のない自選套路です。十三勢のように太極の原理に基づいて厳密に創られた太極拳套路は一つもありません。したがって現在の太極拳の繁栄の後に来るものは、太極拳の潜在的な危機ではないかと感じます。太極拳の繁栄の時代だからこそ、太極拳套路の質的な向上が必要なのではないでしょうか。

いわゆる国家規定套路を中心とした太極拳の繁栄の絶頂期はすでに過ぎているのに、しかし、現代人の太極拳を求める気持ちはますます強くなっていく一方です。太極拳のさらなる発展を前提として未来の太極拳を考えるとしたら、少なくとも以下のことに注意しなければなりません。

①太極拳はその時代に順応していなければならないこと。

②さらに新たな太極拳を創るとしても、その時代の人々の求めと一致しなければならないこと。

③そして、何よりも大事なのは太極拳自身の発展の規律に従うこと。

そのうえで、太極拳の発展のためには、次の両面が必要だと考えます。

①原点に回帰すること。

――原点回帰とは五つの流派に回帰することではなく、五流派の源流に回帰することでなければなりません。流派は太極拳の発展途上の一種の偶然の現象であって、必然的結果ではないのです。つまり流派は、太極拳の本来の発展方向とは言い切れません。太極拳の源流がわからなければ太極拳の原点に立つこともできませんし、太極拳の発展の方向も見失ってしまいます。

②変遷を見極めること。

――概ね太極拳の起源と変遷の歴史をまとめますと、十三勢が太極拳の源流ですが、その後、太極拳は大きく二つに分かれます。すなわち、《周易》を拳理とする楊式、武式などの太極拳と、《太極図説》を拳理とする陳式太極拳です。楊式太極拳はすべて長拳に由来するのに対して、陳式太極拳の技法は長拳と短拳*15の総合体です。

そこで私は、新しい時代に立ち、新しい太極拳を創るうえで、次の三つの条件が必要だと思います。

①完璧な太極の理論に基づくこと。

②伝統太極拳を継承すること。

③さらに新しい技法を開発すること。

新しい太極拳を創るために、あるいは今の混乱の局面を打開するためには、太極拳の原点套路がわからなければなりません。ですから、それを研究する必要があるのです。

そもそも何のために十三勢という套路が創られたのでしょうか？　その目的は実に明確です。つまりは、健康と長生きのためです。

現在、私たちが太極拳の套路を創る場合、概ね次の二つの方法があります。

---

*15　短拳も中国拳術の分類基準の一つで、基本動作も変化も少ないが、勁力は深い。

一つは、ある一種類の伝統太極拳の動作を素材として、その太極拳の特徴ある動作を選んで、新しい太極拳を創り上げる方法です。たとえば楊式太極拳競技用套路は伝統楊式太極拳の動作と特徴を中心に創られた新しい太極拳套路です。

もう一つは、五種類の伝統太極拳の動作を複合的に素材とし、新しい太極拳套路を創るという方法です。四十八式太極拳と総合太極拳はこの種類の太極拳套路です。

以上の二つのパターンに共通するのは、どちらも伝統太極拳の動作を素材として新しい套路を創ることです。しかし十三勢の作り方は違います。太極拳の源流である十三勢を創編する前には、当然のことながら太極拳はなかったわけですから、十三勢套路を創るための素材を他の拳種から引用するか、まったく新しい動作を生みだすほかに道はありませんでした。

現時点では、ほとんどの動作は長拳から引用したものだと思われます。前述したように、長拳から“借りた”動作を通じて、太極の原理を基に練習することを目的としたのです。

なぜ太極の原理に基づいて練習しなければならないのでしょうか？
それは太極原理が主に陰と陽を基底にするものだからです。陰と陽は太極の本質から言いますと「気」を意味します。つまり、陰気と陽気です。気は生命を作り、そして生命を維持していくという大きな役割を持っています。したがって十三勢の本質は「気」論です。だからこそ、《十三勢行功歌》という短い文献の中に何ヶ所も「気」についての論述があるのです。そこでは、気を練習し、健康と長生きを最終の目的とすることを謳っています。

十三勢と比べると、国家規定套路を含めて今日の太極拳は、武術としての技はある程度残っていますが、太極の原理は壊れてしまっています。いわゆる「有拳無理」（拳の技はあるが太極原理がなくなっている）なのです。

太極拳の動作は、本来、長拳の技でしたが、長い歴史の中で代々練習していった結果、長拳の技が太極原理の特徴的な動作に変貌していきました。変貌した動作でもう一度套路が創られ、そうした套路が太極拳と呼ばれるようになり、流派も誕生していったのです。これらの套路は中高年鍛錬者にとっては適当な運動と言えるかもしれません。けれども太極原理の立場から言えば、それだけでは本当の意味での「益寿延年《えきじゅえんねん》」（身体によく、長生きできる）の目的から離れてしまっています。

健康と伝統文化を重視する時代においては、太極の原理原則に則って健康と長生きを目的とする太極拳を創ることが至上の課題だと思います。十三勢を研究する重要性がここにあります。

第1章

十三勢の復元は
太極拳史上の重大発見

1．十三勢の復元と太極図譜

中国の太極拳の研究者と専門家は、一般的に太極の理論を重視してはいますが、太極拳の伝統套路についてはその内容をほとんど研究しないという傾向があります。そのため、これまで誰も試みなかったことを、私が初めて行うことになったのです。

十三勢套路を復元するには膨大な史料が必要でしたが、これらの史料を探すのにはとても時間がかかり、また、套路と史料が一致するまで繰り返し検証しなければなりませんでした。したがって十三勢套路の形が見えるまでには、３年以上の月日が費やされました。

復元してみると、套路の構図は両側に陰と陽、中央に四象《ししょう》＊16——という組み合わせで創られているとわかり、直観的に、十三勢套路の構図は一種の太極図であると確信しました。

正直に言って、これには非常に驚きました。さらに、套路の各組み合わせを詳しく調べてみると、驚きは興奮に変わりました。というのも、十三勢は動作の数から構成＊17、構図＊18まですべてが太極の原理に基づいて創られていたからです。

十三勢套路は全部で55の動作によって創られていますが、この55の動作すべてに根拠があり、無駄な動作は一つもありません。わかりやすく言えば、どれ一つの動作を増やしても、減らしても、十三勢という套路は成り立たないのです。これほど完璧な太極拳の套路は、今まで見たことがありませんでした。たとえば、十三勢套路には八つの単鞭がありますが、誰が見てもこれはちょっと単鞭が多すぎると感じられます。けれ

＊16　太極図の中央の部分にある老陰、老陽、少陰、少陽という四方向を意味する。
＊17　動作の組み合わせ、あるいは動作のつなぎのこと。
＊18　套路の設計図のこと。

ども、套路を創る時の原理がわかれば、八つの単鞭が絶対に必要だと思うようになります。なぜなら、十三勢は太極の原理によって全套路が八つの内容に分かれ、異なる内容の間を単鞭でつないでいるからです。七つの単鞭あるいは九つの単鞭では、十三勢の套路は原理的に成り立たなくなるのです。

十三勢の套路には全部で55の動作がありますが、重複する動作を除くと実際は33動作しかありません。しかし、十三勢の套路を練習する時には野馬分鬃や摟膝拗歩などの動作を左右左と三回行うので、これらすべての動作を含めると100動作にもなります。つまり十三勢の全套路は、動作名称としては55ですが、その55の動作のほかにさらに45の動作を含んでいるのです。

なぜ、十三勢はこのような動作構成をしているのでしょうか？　そして、55、45のような数字は一体何を意味しているのでしょうか？　よく調べてみると、これらの数字と動作構成には大きな秘密が隠されていたのです。

十三勢套路の構図は太極図で、太極の原理に基づき創られたものです。だから、この套路を太極拳と呼ぶことができるのです。十三勢は太極拳の数字的な表現だと考えてもよいと思います。太極拳の「太極」という言葉は、もともと《周易》から引用したもので、すなわち「易有太極」です。それが意味するところの太極図は、《周易》という本が書かれる前からすでにあったのです。

ならば、太極図はどこから来たのでしょうか？《周易》によりますと、太極図は河図《かと》*19、洛書《らくしょ》*20に基づいて演繹されたものでした。したがって十三勢套路を創る際に、河図と洛書は直接的関係にありました。

十三勢套路の創られ方は、河図→洛書→太極図という流れの成立に由

*19　河図とは古代中国における端祥である。陰●と陽○を合わせて55によって成り立っている。黄河から現れた図と古くより伝えられる。河図は十数図とも言う。

*20　洛書も古代中国における端祥である。陰●と陽○を合わせて45によって成り立っている。洛河から現れた図と古くより伝えられる。洛書は九数図とも言う。

来するのです。

①「55」という数字は、河図を意味する。(**図1**)

②「45」という数字は、洛書を意味する。(**図2**)

③河図と洛書の数字をもとにして、十三勢の構図＝太極図が創られた。

《周易》は《易経》と《易伝》に分けられますが、十三勢套路の構図はその理論根拠がすべて《易伝》に基づいています。《易伝・繋辞《けいじ》上》には黄河から龍図（河図）が出現し、洛河から亀書（洛書）が出現し、伏羲《ふっき》氏（中華民族の祖先と言われている人）が河図と洛書に基づいて太極図を演繹したと書いてあります。つまり、太極図は河図と洛書によって創られたのです。このことは十三勢にとって非常に大きな意味を持っています。十三勢套路を創編する前の設計段階で、まず全套路の動作数量を決めなければなりませんでしたが、套路動作の数は河図の55という数と洛書の45という数によって決められたということです。つまり河図の55と洛書45を合わせると100になるので、この100という数が太極図を演繹する基本数字になったのです。だからこそ、十三勢全套路は100の動作によって成り立っているわけです。仮に99でも101でも、太極図としての意味はすべて失われてしまいます。

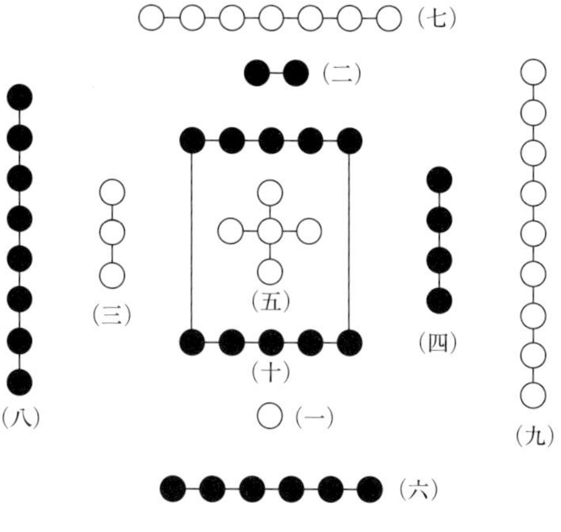

図1　河図（十数図）

さらに河図の55という数は陰数●30と陽数○25とに分けられ、洛書の45という数は陰数●20と陽数○25とに分けられ、両方を合わせると陰数も陽数も50数ずつになります。したがって十三勢套路の100動作は陰性動作50と陽性動作50を構成しなければなりませんでした。陰性動作と陽性動作の数が合わなければ、拳術套路としては成立しても十三勢としては成り立ちません。要するに、十三勢套路の動作の数自体が太極の意味を持っていて、その創り方は非常に厳密なものだったのです。

太極拳の分野ではよく無極→太極という順に太極拳の原理を説明していますが、無極は老子の《道徳経》を語源としていますので、これまで、太極拳は「道《どう》」の理論に基づいて創られたとよく言われてきました。しかし十三勢という套路は、老子の「無極」とは関係ないと私は考えています。

十三勢の構図は太極図であり、太極は《易伝・繋辞上》からの言葉ですので、太極拳原理は老子の「道」ではなく、「易」であることは明らかです。

《周易》と言えば一般には占いの本だと考えられていますが、もともと占筮《せんせい》の本で、戦国時代に孔子とその弟子たちがこれを哲学の見地から

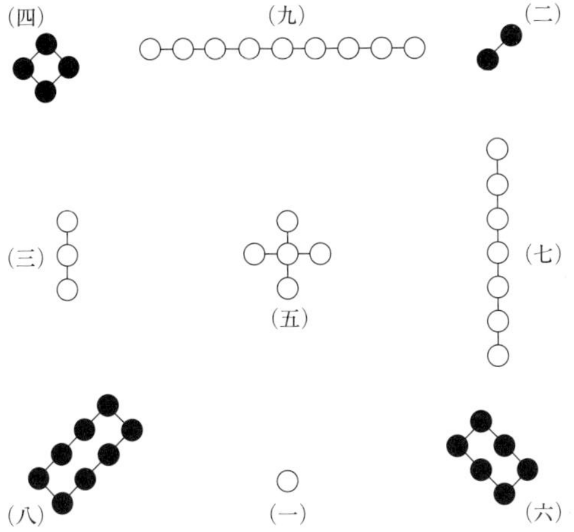

図2　洛書（九数図）

解釈した結果、《周易》の内容が《易経》と《易伝》に大きく分けられるようになりました。《易経》は占筮、《易伝》は哲学の内容です。そして太極拳理論の源泉はこの《易伝》の方にあります。太極という言葉は《易伝》から引用したもので、太極図は「易」の核心でもあるのです。

十三勢の布局図は次のようになります。(**図3**)

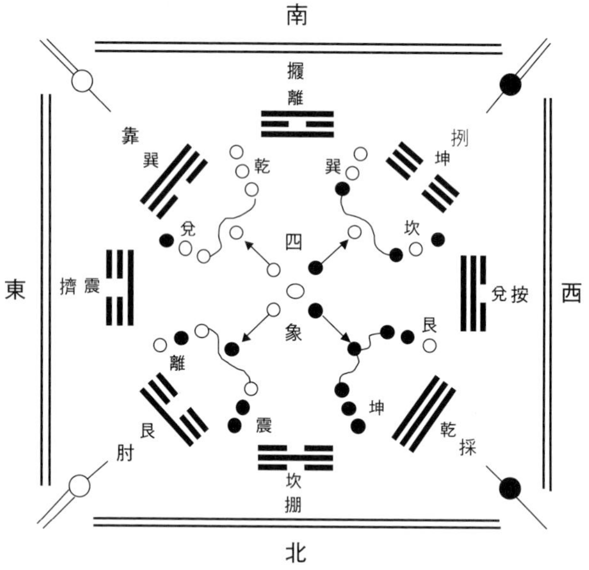

図3　十三勢套路布局示意図

図３は十三勢套路の設計図（構図）ですので、十三勢にとって大きな意味を持っています。この設計図は易学の専門用語としては「先天八卦配後天八卦図」と呼び太極図とは言えませんが、この構図の中央に「陰陽魚」を入れますと、太極図になります。これは一体どういうことでしょうか？　やはり十三勢の套路原理から説明しましょう。

この十三勢套路の要素は大きく三つに分けられます。①練習者自身、②第一勢の攬雀尾という動作、③（第一勢の）攬雀尾以外のその他の動作です。十三勢を練習する時は練習者を陰陽魚とみなし、すべての動作は練習者によって完成されます。第一勢の攬雀尾には左掤勢がありますが、左掤勢はさらに陰陽に分かれ、左手が陽で、右手が陰となります。

陰陽は《周易》の専門用語として両儀《りょうぎ》[*21]と言います。

図3はさらに三つの部分によって成り立っています。図の中央が●●＝老陰、○○＝老陽、●○＝少陰、○●＝少陽に分けられ、《周易》の専門用語で「四象」と言います。四象の外側には、●と○各々三つを一組にしたものが全部で八組あります。この八方に配列されたものを「先天八卦[*22]」と言います。さらに外側には、先天八卦の隣りあった二卦の間に☲や☴のような記号が八つあり、やはり八方に配列されています。これを「後天八卦[*23]」と言います。十三勢の套路には後天八卦が実際に存在しないため、拳譜の中では「門《もん》」と言います。先天八卦と後天八卦は十三勢套路の中で「円」を意味し、さらに一番外側には四角と斜めの棒線がありますが、十三勢の中では「方」と「隅」を意味します。図3を見てわかるように、十三勢の構図は内側が「円」、外側が「方」というふうに設計されています。

十三勢を練習する時には、体の動きでこの構図を完成させます。だから、この拳術套路を太極拳とも言うことができるのです。

《易伝・繋辞上》によると、「易」の成書の前に、まず太極があります。ここから両儀が生まれ、両儀から四象が生まれ、四象から八卦[*24]が生まれると記載されています。十三勢套路の構図は全体的に言えば、まさにこの言葉の通りになっています。つまり太極→両儀→四象→先天八卦→後天八卦という順に設計されているのです。

太極拳の拳譜の中には《太極拳釈名》と《八門五歩》という文献がありますが、これらの拳譜は十三勢套路の構図を説明する文献です。十三

---

*21 「易」の宇宙生成論において使われる概念。万物の根源である太極から生じた二極である。十三勢套路の中では陰と陽を意味する。

*22 伏義氏によって創られた八卦を先天八卦という。

*23 周・文王《ぶんおう》によって創られた八卦を後天八卦という。

*24 八卦（はっけ、はっか）は古代中国から伝わる「易」における八つの基本図像。すなわち、乾《けん》、兌《だ》、離《り》、震《しん》、巽《そん》、坎《かん》、艮《ごん》、坤《こん》。卦は爻《こう》と呼ばれる記号を三つ組み合わせた三爻によりできたものである。一陽（剛）と一陰（柔）の二種類があり、組み合わせにより八卦ができる。

勢套路の構図はとても美しく、完璧な太極図とも言えるでしょう。十三勢套路はこの太極図を構図としています。それゆえこの拳術を「太極拳」と呼ぶことができる、そう私は考えます。もしもこの太極図を構図としていなかったなら、十三勢套路はただの長拳套路にすぎないのです。

今の太極拳は主に太極（陰陽）の原理から拳術を説明しますが、厳密に言えばこの種の説明は正しいとは言えません。なぜなら、太極拳以外の拳術も太極の原理をもって説明することがあるからです。たとえば、太極蟷螂拳《たいきょくとうろうけん》も太極の原理で技法を説明しますが、太極拳ではありません。拳術の分類から言いますと象形拳《しょうけいけん》＊25の一種です。紅拳《こうけん》＊26も太極の原理で技法を解釈しますが、これも太極拳ではありません。長拳の一種です。太極拳の分野では陰陽マーク☯を太極図として使いますが、実はこれも間違っています。なぜなら太極図とは、陰陽魚を中心に外環に八卦あるいは六十四卦を配列することを意味し、正式な名称は陰陽魚白黒太極図《いんようぎょしろくろたいきょくず》と言い、これを略して太極図と言うのです（ただし具体的な動作を説明する時には陰陽魚を使う）。太極図については、第3章でさらに詳しく説明します。

十三勢は13の動作という意味ではありません。漢代以来、数理で《周易》を解釈する方法論が流行しましたが、易学の分野では象数派＊27（象数易とも）と言い、13という数字の正確な意味は八卦＋五行＊28です。８＋５＝13は数理易の理論で拳術套路を解釈する方法論です。

《太極拳釈名》と《八門五歩》の二つの拳譜によると、十三勢套路の中の八卦は技ではなく、「方位」と「門」を意味しています。しかし、武式太極拳の宗師・李亦畬以来、十三勢套路構図の八卦（先天と後天）を完全には理解できなくなります。彼は《太極拳釈名》の最後にこう書

＊25　中国の拳術の分類の一つで、動物の形を真似る拳術。

＊26　西安のあたりを中心に全国に広がっている長拳の一つ。

＊27　八卦の象形や易の数理から天地自然の法則を読み解く易学の一つの流派。

＊28　五行は古代中国に端を発する自然哲学の思想で、万物は木、火、土、金、水の五種類の元素からなるという説。

きました。
「是技也、一着一勢、均不外乎陰陽、故又名太極拳。」
この言葉を日本語に訳すと、次のようになります。
「これは技であり、一技、一勢はすべて陰陽であり、したがって太極拳とも言う。」
亦畬は十三勢の八卦構図を技と間違って解釈してしまったのです。現在、ほとんどの太極拳家は李亦畬のこの解釈を引用して太極拳を説明し、十三勢を13の動作として考えています。いわゆる「誤り」を以て「誤り」を伝えているわけです。
これまでの研究では、各流派の太極拳套路はそれぞれの創始者によって創られたと言われてきました。たとえば楊式太極拳の創始者・楊禄禅は楊式太極拳の套路を、武式太極拳の創始者・武禹襄は武式太極拳の套路を創編したとされています。しかし十三勢の復元によって、この観点を見直す必要が生じました。
すなわち――もともと太極拳には一つの套路しかなかったのです。この套路からすべての伝統太極拳が変遷して生まれました。各流派の太極拳套路は動作名称、技術的特徴、勁力の要求などが流派によって多少異なっていますが、十三勢と各流派太極拳を比べると、套路の順番はほぼ同じです。なぜなら、太極拳の歴史を辿る時、もともとは十三勢というただ一つの套路しかなかったからです。
だからこそ、太極拳五流派の套路の順番はほぼ同じなのです。「謎」は、ここに解明されることになりました。

2．太極拳拳譜の紹介

（1）拳譜とは

すでに述べた通り、拳譜はほとんど手書きで、一門の宗師から弟子に代々伝わっていく「秘伝の文献」です。

たとえば、河北省永年県の武式太極拳の拳譜は武式太極拳の宗師・李亦畲によって、「舞陽塩店太極拳譜」を中心に一門が集めた太極拳の文献をまとめ、三冊の手書き本に完成させ、そのうちの一冊は手元に置き、一冊は兄・啓軒《けいけん》に贈り、もう一冊は門人・郝為真《かくいしん》（1849～1920）に与えました。為真はその拳譜を息子に引き継ぎ、今も再々伝の弟子によって保存されています。太極拳の分野ではこの拳譜を永年の「老三本」と称し、とても価値の高い文献とされています。唐豪先生の《廉譲堂本〈太極拳譜〉考釈》は永年「老三本」についての考証です。

このような拳譜は太極拳に限らず、すべての武術において存在すると言っても過言ではありません。

ここでは十三勢の套路と直接に関係のある二つの拳譜を紹介します。その拳譜の名は《太極拳釈名》と《八門五歩》です。たくさんある拳譜の中で敢えてこの二つの拳譜を紹介するのは、ここに十三勢の由来、技術の内容、十三勢に関するほとんどの理論が網羅されていて、とても重要だからです。この二つの文献を正しく理解できなければ、太極拳もうまく理解できないと思います。

（2）《太極拳釈名》

この文献はもともと河南省舞陽県の塩店で発見された太極拳拳譜の一

つです。《太極拳釈名》は「舞陽塩店太極拳譜」の首篇の位置にありました。篇名はもともと《十三勢論》と言いましたが、李亦畬の「老三本」で《太極拳釈名》に書き換えられたようです。

全文の内容は次の通りです。

「太極拳は長拳とも、また十三勢とも言う。長拳は長江や大海の如く滔々として、その流れは絶えることがない。

十三勢とは掤（peng)、攦（lü)、擠（ji)、按（an)、採（cai)、挒（lie)、肘（zhou)、靠（kao)、進（jin)、退（tui)、顧（gu)、盼（pan)、定（ding）に分かれる。（著者注：この十三文字は太極拳および推手の核心であるので中国語の発音で示しました。）

掤、攦、擠、按はそれぞれ坎、離、震、兌のことであり、四正方のことである。採、挒、肘、靠はそれぞれ乾、坤、艮、巽のことであり、四斜角である。これは八卦である。

進歩、退歩、左顧、右盼、中定とはすなわち、金、木、水、火、土のことである。これは五行である。

これらを合わせて『十三勢』という。」

《太極拳釈名》には太極拳に関する基本的な概念が多く含まれています。たとえば、長拳、十三勢、八卦、五行等々。これらの基本概念を正しく理解しない限り、太極拳の源流を正確に理解することは不可能です。この文献はわかりやすく解釈すれば、十三勢套路全体の設計図としての特徴を持っています。十三勢套路を設計するのは八卦図です。この八卦図を拳術の技法で完成させるために、身体の移動が必要になります。そして、身体を移動するために、足の動きは不可欠です。足で歩くことを武術の用語で歩法と言います。歩法は十三勢套路の中では「五行」で表現し、それぞれが五種類の歩き方を意味します。幅広く言えば拳法も身体運動ですので、体の動きによって八卦図が描かれるのです。

十三勢の套路の中の55の動作はすべて長拳類の動作から選ばれたため、十三勢は長拳とも言えるわけです。すなわち長拳の動作を用いて八卦図を作り上げたのです。《太極拳釈名》が論じたのは《周易》の後天八卦図です。八卦は記号と文字で表すと次のようになります。

後天八卦の卦形、卦名と十三勢用語

卦　形	☰	☱	☲	☳	☴	☵	☶	☷
卦　名	乾	兌	離	震	巽	坎	艮	坤
十三勢用語	採	按	履	擠	靠	掤	肘	挒
方　向	西北	西	南	東	東南	北	東北	西南

十三勢は拳術ですので、八卦を意味する乾、兌、離、震、巽、坎、艮、坤という八文字の固有名詞の代わりに掤、履、擠、按、採、挒、肘、靠という拳法の技の専門用語を用いて表現しました。この八つの技の専門用語は推手*29から引用したものです。推手は打手とも言い、現在は推手を太極拳特有の技撃種目として考えていますが、実はまったく違います。推手はもともと長拳類の対抗種目の一種で、十三勢の套路を創編する前からすでに存在していました。十三勢の套路を創る時に推手の考え方を取り入れたのでしょう。しかし、この八つの専門用語は十三勢の套路においては技ではなく、八卦図の方向（方位）を意味しています。

中国では、専門家たちは太極拳に対して一つの疑問を持ち続けています。それは、なぜ伝統太極拳套路の構図と《太極拳釈名》の内容が一致しないのか？ということです。しかし、十三勢の復元によってこの問題が解決できるようになりました。もともと十三勢を説明するために《太極拳釈名》という拳譜を書いたので、その時点では套路と拳譜が一致していましたが、長い歴史の中で十三勢の套路が改編され、その形が少しずつ変わっていったために、《太極拳釈名》の内容と太極拳の套路とが一致しなくなったのです。

*29　推手とは二人で組み手の練習をする種目である。

(3)《八門五歩》

《八門五歩》は手書きの楊式太極拳の拳譜の一つで、「万県太極拳譜」*30に収録されています。この拳譜の内容は楊式太極拳よりむしろ十三勢に対する論述になっています。基本的な概念は《太極拳釈名》と共通していますが、方位と八門がこの拳譜の核心です。

本文を訳すと次のようになります。

「掤南、攦西、擠東、按北、採西北、挒東南、肘東北、靠西南——方位を意味する。

坎、離、兌、震、巽、乾、坤、艮——八門を意味する。

方位と八門は陰陽顛倒の理であり、エンドレスにして自由自在となる。要するに、四正四斜がわからなければならない！

掤、攦、擠、按は四正*31の手であり、採、挒、肘、靠、は四隅*32の手である。隅と正の手を合わせて門と位の卦が得られる。体を以て歩法が分けられ、五行は意識にあり、八面を支える。

五行は進歩火、退歩水、左顧木、右盼金、中定土である。

進退という歩法は水火の歩になり、顧盼《こべん》*33という歩法は金木の歩になり、中土は枢機《すうき》の軸となる。手の動きは八卦にし、脚は五行を踏み、手は八、脚は五であり、その和は十三となる。十三は自然からの数字であり、すなわち、十三勢である。したがってその名を『八門五歩』と言う。」

《太極拳釈名》と比べますと、《八門五歩》は具体的に十三勢の構成と構図を述べているとも言えます。

---

*30　使われた原稿用紙の左下に「万県興隆街裕興昌印」という九文字が書いてあるので、「万県太極拳譜」と言われている。

*31　四正とは推手の基本。掤、攦、擠、按の四つの技を用いて戦うこと。

*32　四隅は大攦ともいう。採、挒、肘、靠の四つの技を用いて戦うこと。

*33　顧盼とは太極拳の中では横の動きを意味する。典型的な動作は雲手である。

《八門五歩》の内容は十三勢の構成と構図について、「方位」と「門」概念を用いて具体的に述べているところに特徴があります。方位は図3の十三勢套路布局図の中央に○と●とを組み合わせた八卦がありますが、それが方位を意味し、全部で八つの方向を示しています。方位は十三勢の構図の中で先天八卦図を表しています。「門」は図3の十三勢布局図の隣り合っている二つの八卦記号の間のことであり、☲や☵のような記号で表示して八つの「門」を表し、この空間は後天八卦と定義づけられています。この後天八卦を説明したのが《太極拳釈名》であり、その抽象性ゆえに理解することは簡単ではなかったのです。

《太極拳釈名》と《八門五歩》は、《周易》の核心が太極であるがゆえに太極形成の過程を辿り、河図・洛書→先天八卦→後天八卦へと演繹し、十三勢の構図が形成されることを示しています。ここで注意すべきことは、二つの拳譜に出てくる掤、攌、擠、按、採、挒、肘、靠は技ではなく、八卦の専門用語である乾、坎、離、坤、艮、震、巽の代名詞にすぎず、八方あるいは八門を意味するにすぎないことです。

楊式太極拳の攬雀尾にある小動作の掤、攌、擠、按は、十三勢の八卦構図の掤、攌、擠、按と区別されなければなりません。なぜならば前者は技であり、後者は方位を示すだけだからです。

先天八卦の卦形、卦名と十三勢用語

《八門五歩》の中の方位は先天八卦の原理に基づいています。これを記号と文字で表すと次のようになります。

卦　形	○○○	●○○	○●○	●●○	●●●	○●●	●○●	○○●
卦　名	乾	兑	離	震	坤	艮	坎	巽
十三勢用語	掤	挒	擠	肘	按	採	攌	靠
方　位	南	東南	東	東北	北	西北	西	西南

先天八卦の卦形は☰ ☱ ☲ ☷……等の形で表すこともできますが、先

天八卦と後天八卦をはっきりと区別するためにここでは異なる形で表すことにしました（p.34の後天八卦の表を参照）。

十三勢套路の構図は、この先天八卦の原理を用いて創られたのです。

3．まとめ

十三勢の套路は33（重復の動作を除いて）の動作から編成されており、すべて長拳の技です。そのため、十三勢は長拳とも言われるのです。

13という数字は８と５に分かれます。８は八卦を意味し、５は五行を意味します。13は八卦と五行の「和」を表しています。

十三勢を練習する時に、人体は太極をなし、両手は両儀として、起勢から収勢まで、胴体と手の動作によって套路の八卦構図が配置されます。しかし、足の動きがなければ、設計図通りに套路を完成できません。十三勢の歩法は五行で表現されます。

こうして両手は八卦、足は五行、足の移動に伴い胴体と手の動作で太極図を完成します。だから十三勢は太極拳と言えるのです。

十三勢套路の中の数字は随意の数字ではなく、すべて厳格な易学の数字によって成り立っています。８＝八卦、５＝五行、55＝河図、45＝洛書をそれぞれ意味します。この数字が一つ多くても、あるいは一つ足りなくても、太極拳としての意味を失ってしまいます。十三勢という太極拳の源流は「完璧」「美しい」という言葉でしか形容できないのです。

挪、攌、擠、按、採、挒、肘、靠は推手においては技ですが、十三勢の中では技ではなく、八卦の代名詞であって、套路の中では先天八卦の方位と後天八卦の八門を意味しています。この点は太極拳を正しく理解するための最も肝心なところです。しかし1852年、武禹襄が「舞陽塩店太極拳譜」を永年県に持ち帰って以来、完全に理解する人はほとんどいなくなってしまいました。

十三勢を正しく理解しなければ、太極拳の発展の方向性を見失い、品格の低い「太極拳」套路が横行するという恐れもあります。太極拳は手軽に練習できますが、品格ある太極拳を創るには、学問と技術力が必要なのです。

第2章

舞陽塩店太極拳譜の「謎」

1．はじめに

1970年代の後半から中国は改革開放の政策とともに太極拳を積極的に世界に広めるように努め、大きな成果をあげてきました。しかし、さらなる世界への普及のためには、套路だけでなく、歴史、文化、健康そして練習法など、系統的な紹介が不可欠です。これらの問題は、中国でもいまだに完全に解決していないのが現実です。けれども、中国にはこの問題を解決し正しく世界に伝える責任と義務があると思います。

太極拳に関わるすべての人がこのような責任を果たすのが理想です。太極拳の素晴らしさを世界の人々に伝えるのはもちろん大事ですが、何よりも太極拳の文化、そして太極拳と健康に関する本来の考え方を世界に伝えなければなりません。世界中の太極拳愛好者が正しく太極拳を認識し、そして練習していただきたいと思っています。

太極拳のルーツを探るには、陳家溝の太極拳の歴史を調査し、そのうえで他の史料とつき合わせて総合分析をしてから、結論に結びつける方法が主流です。唐豪、顧留馨両先生は主に陳家溝ルートを検証して、陳王廷創拳説を結論に導きました。そしてこの説は、中国を中心に世界中に広がるようになりました。しかし十三勢の復元によって、陳王廷創拳説に疑問が出てきたのです。

今回私は、太極拳のルーツを探るために、陳家溝ルートを参考にしつつ、「舞陽塩店太極拳譜」と《周易》の理論背景を中心に検証しました。

2．1852年

河北永年県の武河清《ぶかせい》、字は禹襄は読書人の家庭に育ち、子供の時から武術を好んだといいます。1849年に楊禄禅が陳家溝から故郷永年に戻ると、禹襄は同郷の楊禄禅の太極拳に一目惚れし、禄禅に師事しようとします。ところが禄禅はあまり他人に教える気がなかったので、禹襄の思いは果たされることなく終わります。

1852年、禹襄に一つの大きなチャンスが訪れました。母親の使いで河南省舞陽県知県（今の中国の県長に相当）を務める兄・澄清《ちょうせい》に会いに行きます。澄清は舞陽塩店で発見された一冊の手書きの太極拳拳譜をお駄賃として弟の禹襄にプレゼントしました。この拳譜は舞陽塩店で発見されましたが、残念なことに発見時にすでに破損していて、書名がなくなっていたため、研究者たちはこの拳譜を「舞陽塩店太極拳譜」と呼ぶようになりました。

あまりにも価値のある拳譜なので、実際には武禹襄と甥の李亦畬以外にこの太極拳譜を見た人はほとんどいないと言われています。いわゆる永年「老三本」は、この「舞陽塩店太極拳譜」を中心に手書きされたものです。

1935年、李亦畬の兄啓軒の孫・李福蔭《りふくいん》によって「老三本」の拳譜の内容が出版され、世間はこの拳譜の中身を知るようになりました。出版社の社名が廉譲堂というので、一般に「廉譲堂本太極拳譜」と言われています。

3．舞陽塩店太極拳譜の内容について

「廉譲堂本太極拳譜」は「舞陽塩店太極拳譜」を中心に他の拳譜も取り入れた、いわゆる総合的な太極拳譜です。どの文献が「舞陽塩店太極拳譜」の本来の内容なのかはいまだに完全に解明されていませんが、少なくとも次の四つの文献は「舞陽塩店太極拳譜」だということで、これまで専門家たちの見方は一致していました。それは《太極拳釈名》（十三勢創編原理の文献）、《十三勢行功歌》（練習の要点と目的の文献）、《打手歌》（推手の七言六句の歌）と《太極拳論》（推手を論じる文献）です。一方、《十三勢架》の中の套路については、武禹襄が楊禄禅の太極拳に基づいて改編したものだと、専門家の間では認識されていました。

ところが、今回、十三勢套路の復元に成功した結果、従来の結論をくつがえし、十三勢套路は楊禄禅の太極拳の簡化套路ではなく、これもまた「舞陽塩店太極拳譜」の内容の一つであることがとわかりました。その理由は次の通りです。

《太極拳釈名》は十三勢套路構図の説明文で、すなわち、十三勢套路の設計図の原理が記述されています。《太極拳釈名》の内容はとても抽象的ですので、武禹襄はこの拳譜だけから十三勢の套路を創編することはできませんでした。十三勢を創るためには少なくとも三つの条件が必要だったからです。すなわち――

①長拳に精通していること。

②推手に精通していること。

③太極の原理に精通していること。

十三勢の套路は長拳の技によって創られ、推手の考え方を取り入れていて、そして套路の設計図は太極の原理でした。けれども武禹襄はこの三つの条件を全部備えてはいませんでしたから、十三勢の套路を創編するのは不可能でした。

結論から言うと、少なくとも十三勢套路は《太極拳釈名》と《十三勢行功歌》に直接関係があるので、十三勢は「舞陽塩店太極拳譜」の内容であるとしか考えられないのです。その関係は次のようになっています。

《太極拳釈名》　——十三勢の套路の原理
↓
《十三勢架》　——十三勢の套路の内容
↓
《十三勢行功歌》——十三勢を練習する時の要点と目的
※《十三勢行功歌》の内容については第５章で説明します。

武禹襄は1852年に兄・澄清から「舞陽塩店太極拳譜」をもらってのち、故郷にはまっすぐ帰らず、河南省温県に行きました。その目的は楊禄禅の老師である陳家溝の陳長興《ちんちょうこう》（1771～1853）を訪ねることでしたが、陳家溝の隣りの趙堡鎮という地で、82歳の陳長興がすでに病気で教える気力をなくしていることを知り、同地の陳清萍の門を叩くことにしたのです。けれども、陳清萍は小架の名人でしたが、十三勢についてはそれほど知っているわけではなかったようです。従来の説によりますと、禹襄は陳清萍に１ヶ月余り小架を習って、永年県に帰って武式太極拳を創編したと言われています。しかしこの説は、十三勢の復元によって間違いであることがわかりました。

結論から言いますと、武禹襄は陳清萍の助けを借りて１ヶ月余りで「舞陽塩店太極拳譜」中の「十三勢架」という套路を復元したのです。復元された套路の順番と内容は、《各勢白話歌》という拳譜文献に記録されていたものです。

《各勢白話歌》と十三勢を比べますと、攬雀尾→懶扎衣、白鶴亮翅→白鵝亮翅の違いだけで（懶扎衣と白鵝亮翅は小架の動作名称）、あとは十三勢の動作名称とほとんど変わりません。しかし、《各勢白話歌》には「翻身」という動作があります。この「翻身」というただ一つの動作のために、《各勢白話歌》の八卦の構図は十三勢套路とは異なるものになってしまったのです。

それでも、《各勢白話歌》は武式太極拳の最初の套路であり、趙堡架に習ったものではなく、十三勢を復元した套路であることは確かです。だからこそ、武式の套路は十三勢と同じ動作名称が多いのです。1852年の復元は、十三勢本来の太極図に基づいた構図ではありませんでしたが、結果として武式太極拳という新しい流派を生むことになりました。

十三勢も「舞陽塩店太極拳譜」の内容の一つであることが明らかになりました。それでは、この拳譜は一体いつ、誰によって書かれたものでしょうか？

4．舞陽塩店太極拳譜の作者について

「舞陽塩店太極拳譜」が発見された時すでに表紙がなくなっていたため、拳譜の作者はまったく不明でした。しかし、その中の《太極拳論》には「山右王宗岳」（山右とは山西省との意味）という筆者名があったことから、唐豪先生は「舞陽塩店太極拳譜」の作者を王宗岳《おうそうがく》と断定しました。けれども、この拳譜の作者については、なお解明すべき謎が残されています。なぜ《太極拳論》だけに署名があったのでしょう？　なぜ「万県太極拳譜」は王宗岳の《太極拳論》を雑譜の部分に入れて、《太極拳釈名》《十三勢行功歌》などの拳譜と区別したのでしょう？

「舞陽塩店太極拳譜」の作者が判明するならば、著書のおよその発行時期もわかるので、太極拳の起源もある程度見えてくるでしょう。仮に「舞陽塩店太極拳譜」の作者が王宗岳だとしたら、宗岳には1795年出版の《陰符槍譜《いんふそうふ》》という著書があることから、この拳譜もその前後に書かれたものだと推測できます。

しかし、「舞陽塩店太極拳譜」は、果たしてほんとうに王宗岳の作品なのでしょうか？　ここで、もう一度検証し直してみる必要があると思います。

（1）《太極拳論》について

《太極拳論》は太極推手を論じる短い文章です。とても抽象的でわかりにくい文章ですが、たいへん意味深い文章でもあります。そこでわかりやすくするために、全文を日本語に意訳してみましょう。

原文の意訳：

太極は無極から生まれ、そこからまた陰と陽を生む変化の源である。

太極は動くと陰と陽に分かれ、静止すると陰と陽が相合わさって、一体となる。その動きは過不足なく、相手の動きの変化に従い伸びやかに展開する。もし、相手が強い力で打ってくれば、私はやんわりと相手をかわす。これを「走」（zou）という。逆に私が有利な立場にいて、相手を受動的な立場に陥れたら、この転換を「粘」（nian）という。相手の動きが速ければ私も素早く応じ、相手の動きが緩やかになったら、それに応じて私も緩やかについて行く。（推手の）動きは千変万化とも言えるが、この道理だけは一貫して変わりなく、技を熟練させ、その勁力の変化と使い方を身につけ、さらに一層の精進を重ねて、はじめて思いのままに運用できるようになる。とは言いつつも、この域に至るまでには長期にわたる努力が必要であり、決して一朝一夕で身につくものではない。百会（頭部）で上を意識し、気を下丹田に沈め、身体の基本姿勢を乱すことなく、勁力の運用を相手に測り知られぬように常に変化すべし。相手が私の左側を攻めれば私は左側を虚にする。また私の右側を攻めれば、私は右側を空にする。相手が上に向かって仰いで攻めて来れば私はさらに高く伸びて行くので、ついに相手は触れることもできない。相手が下を攻めてくれば私はより低く行き、相手は私の変化さえ測ることができない。相手が進んでくれば私は退き、ついに相手の長い攻撃でも、わが身に及ばせることはできない。相手が退けば、私はその勢いに乗じて素早く攻めに転じる。

一枚の羽毛でもその重さを肌で計って、正確に判断する。蠅が降りて来ても肌が反応するように、感覚を敏感にする。やがて、人は私の技を知ることができず、私のみ相手を知ることができるようになる。英雄の向かうところ敵なしとは、この道理を身につけることである。

拳術には流派が非常に多く、その技もそれぞれに異なる。しかしおよそ強い者が弱い者に打ち勝ち、速い動きが遅い動きを制すこと以外に何もない。力ある者が力なき者を打ち敗かし、技の遅い者が技の速い者に負けるのはみんな生まれつきの能力によるものであり、けっして練習することによって得られた能力と実力ではない。「四両撥千斤」（小さな力で大きな力に勝つとの意味）の一句を詳しく検証したら（推手は）著しい力で勝つものではないことがよくわかる。七、八十歳の老人が何人を相手にしても勝てる光景を見たなら、明らかに速さと力に頼って勝てるものではないこともよくわかる。

姿勢は中正を保ち、体は天秤のようにバランスよく、動きは車輪のように円滑にする。相手が力を用いて攻めてくれば私は全身の力を緩め、その力を左右いずれかの方向に受け流し、相手の勢いを逆手に取って変化していく。相反して相手と同じように力を用いて互いに抗するならば、動きは必然と渋るのである（これを双重という）。

長年修業を積みながら相も変わらず柔軟に応用できず人に制される者をたびたび見るが、それは「双重」という「病」（推手する時の弱点）を悟っていないところに原因がある。

この「病」を避けようとするならば、まず陰陽の対立・統一の関係を明らかにしなければならない。主動的な立場に立つということは、必ず「走」を以て捌き、柔を持って剛に勝つことであるが、「走」による捌きから転換する方法を得なければ、受動から主動へ移行することは不可能なのである。

「走」と「粘」とがまさに「陰は陽を離れず、陽は陰を離れず、陰と陽は互いに補い合い、互いに寄り沿うが如く密接な関係にある」ということを理解できない限り、推手の法則は悟れない。この法則がわかるようになれば、練る毎に技が巧みになり、また絶えず思考を巡らして練習を繰り返すならば、やがて徐々に心を得て手に応じ、まさに動きは心の欲するままに従う域に達することができるのである。

もともとこの戦術の原則は「己れを捨てて人に従う」ところであり、相手の動きに従って臨機応変になることを意味しているが、しかしながら、多くの人は「近くを捨てて遠くを求める」ことであると間違って解釈している。およそ世間で言うように「真理からわずかでも離れれば、ついに誤りは千里の遠きに及ぶ」のである。拳を学ぶ者はよくわきまえるべきところである。（全文終わり）

（2）王宗岳の人物像

王宗岳の人物像については唐豪、顧留馨両先生をはじめ、多くの学者による従来の研究をさらに深める新史料——河南省博愛県唐村の《李氏家譜》が発見されました。王宗岳の人物像について、今までの史料とあわせてまとめてみましょう。

王宗岳は清代康熙、乾隆年間の山西省絳州（今の新絳県）の人です。乾隆60（1795）年に《陰符槍譜》を著しました。晩年は洛陽と開封一帯で私塾の先生を職業としていました。《陰符槍譜》も王宗岳晩年の作品です。この本によりますと、宗岳は撃刺の術に精通し、槍法を最も得意としていたようです。

太極拳承伝の流れについては、張三丰→王宗岳→蒋発《しょうはつ》→陳長興→楊禄禅という説があります。しかし宋代の張三峯でも元末の張三丰でも、王宗岳と何百年も年代が離れているので、この説には疑問が残ります。ただし、一つの可能性はあります。それは太極拳の技術の承伝ではなく、拳譜の承伝という見方です。王宗岳が（張三峯の）拳譜を収蔵し、この拳譜が蒋発に伝えられ、蒋発から陳長興、さらに陳長興から楊禄禅に伝えられたということも考えられます。太極拳の技術が伝承したという話には無理があるものの、拳譜の承伝は武術分野においてはたびたびあることだからです。

近年発見された河南省博愛県唐村の《李氏家譜》によって、唐村の李氏と陳家溝の陳氏に（明代初期からずっと）深い関係があったことが明らかになりました。村民の話によれば、王宗岳は清の乾隆年間に唐村で私塾の先生をしており、李《り》鶴林《かくりん》から太極拳を習ったというのです。王宗岳と太極拳の唯一の接点が、これで明らかになりました。さらに陳長興は李氏家族の娘と結婚したこともわかり、陳家溝の陳氏が唐村の李氏と親交のあったことを裏づけてくれました。さらに注目すべきは、李鶴林の息子が舞陽で塩店を営んでいたことです。以上判明した事実を統合しますと、王宗岳の太極拳譜はなんらかの形で陳長興に伝えられた可能性があり、「舞陽塩店太極拳譜」は王宗岳が李氏へ伝えたものと推測してよいと思われます。

従来の研究によりますと、王宗岳は太極拳の功夫＊34がとても高く、推手も堪能であったと言われてきましたが、私はむしろ逆ではないかと考えています。つまり、王宗岳は文化人でありながら陰符槍が得意であるうえに、武術に関する古い本をたくさん収蔵し、太極拳、特に推手に深く興味を持ってはいたものの、太極拳と推手についてはそれほど上手ではなかったのではないでしょうか。この点は、次の「(3) 王宗岳の《太極拳論》について」で詳述したいと思います。

いずれにせよ、清代の乾隆年間に唐村の李氏と王宗岳との間に意外な接点があったことがわかったのは、「舞陽塩店太極拳譜」の真相究明に大いに役立つことでしょう。

(3) 王宗岳の《太極拳論》について

王宗岳の《太極拳論》は太極拳を論じる文献ではなく、太極の理論を用いて拳を論じるものであり、具体的には打手（推手）について書かれた文章です。

《太極拳論》については、昔から評価が分かれていました。顧留馨先生は、王宗岳の文章は抽象的で理解しにくいと言いましたが、私もそう思います。「万県太極拳譜」では《太極拳論》を雑譜に分類し、重視しませんでした。その一方で、《太極拳論》を経典として信奉している太極拳家も数多くいます。伝統太極拳の著書のほとんどがこの文献を載せているほど、大事にされています。

王宗岳は《太極拳論》の冒頭で「太極は無極から生まれ、そこからまた陰と陽を生む変化の源である」と書きました。これは北宋の理学家周《しゅう》敦頤《とんい》（周子、1017～1073）の《太極図説》の言葉を参考にして書いたものだと思われます。

＊34　今風に言うと、太極拳のレベルのことである。

周子の《太極図説》はごく短い文章ながら、とても意味深いものです。文章は無極、太極、五行などの内容および相互の関係を述べています。また、周子の太極図は陰陽魚白黒太極図と違って、無極→太極→五行→乾坤→万物化生という順に縦に組み立てられているので、一般に太極五層図（**図4**）とも言われています。

周子の一図一説は《周易》を基本にした新しい易学の理論と太極図です。そこには次の二つの特徴があります。

①老子の無極と太極、五行を統合

②道教、儒教、仏教を一つの図の中にまとめる（いわゆる三教合一）

周子の《太極図説》は宋代以来の易学者、思想家、哲学者に重視されました。同時に、周子の一図一説はとても簡単明瞭なので一般の人々にとっても受け入れやすく、《太極図説》はたちまち流行し、中国人の宇宙生成論、宇宙認識論のモデルにもなっています。

王宗岳の《太極拳論》は、この周子の一図一説を理論の背景として書いたものです。したがって《太極拳論》は太極拳を論じた文章というよりも、正確に言えば周子の《太極図説》を用いて推手を解釈した文章なのです。

けれども、王宗岳の《太極拳論》には思いがけない落とし穴があるように私には思えます。

推手の技術は四正、四隅、そして乱採花*35によって成り立っています。そしてその原理は《周易》の先天八卦です。すなわち、推手を行う双方は手と手を合わせることで陰陽魚をなし、四正手と四

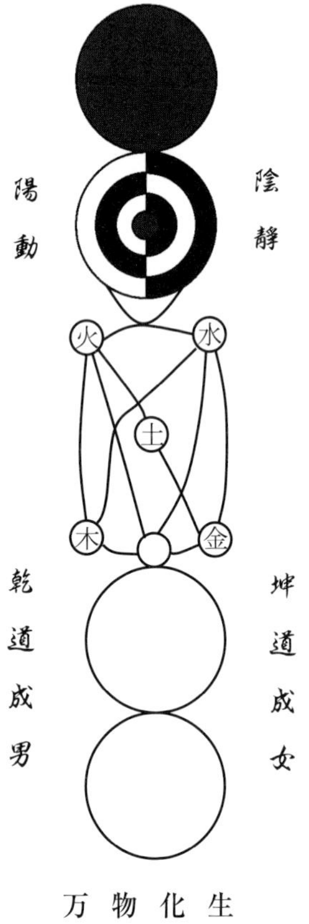

図4　太極五層図

隅手は八卦をなし、乱採花は推手の技のさらなる変化を意味します。このような推手の技術原理（＝古来からの《周易》の易学理論）を王宗岳が周子の一図一説（＝新しい易学理論）を用いて解釈するのは、「文通理不通」と言えるのではないでしょうか。つまり、文章としては通じるかもしれませんが、原理としては通らないのです。《太極拳論》の中に登場する言葉を借りれば、まさに「真理からわずかでも離れれば、ついに誤りは千里の遠きに及ぶ」ということです。王宗岳を、先に述べたように推手の達人とは考えにくいのは、以上述べたような理由によります。

また、《太極拳論》の「察四両撥千斤之句、顕非力勝。（小さな力で大きな力をかわすことを察すると、力で勝つものではないことが明らかである。）」という言葉の「察」一文字には、「他の文献を詳しく検証する」という意味があることから、1930年代に張士一《ちょうしいち》が、「四両撥千斤」の出典である《打手歌》は王宗岳の作品ではなく、王宗岳以前にすでにあったと結論づけました。私もその通りだと思います。

＊35　乱採花とは推手の高級段階。形をなくし、すべての技を使って戦うことをいう。

5．まとめ

「舞陽塩店太極拳譜」には少なくとも《太極拳釈名》、《打手歌》、《十三勢行功歌》、《太極拳論》、そして《十三勢架》の五つの文献が収録されていたのでしょう。

十三勢の復元によって、次のことが確認できました。

①この五つの文献の中では《打手歌》が一番古く、十三勢を創編する時に打（推）手の考え方と動作を取り入れた。つまり《打手歌》は、十三勢を創編する前にすでにあった。

②《太極拳釈名》は十三勢套路の設計図と原理を説明する文献である。

③十三勢は《周易》の原理に基づいて長拳の技を用いて創られた套路である。したがって《太極拳釈名》の作者こそ十三勢套路の創編者だと考えられる。

④《十三勢行功歌》は十三勢套路を創編した後に創作されたが、《太極拳論》以前の作品と考えられる（これについては引き続き研究の必要がある）。

⑤《太極拳論》は王宗岳の作品であるが、「舞陽塩店太極拳譜」は複数の人間による文献であり、《太極拳論》以外の四つはすべて王宗岳以前の作品である。そして、この結論が、太極拳のルーツを探るうえで大きな意味を持つ。

第3章

太極図と太極拳

1．はじめに

太極拳の創編には太極図との密接な関係がありました。太極図は中華第一図とも呼ばれ、中華思想あるいは中国哲学のシンボルとさえ言えます。

現在の太極拳の世界ではほとんど「陰陽魚」を太極図と理解していますが、ここに歪みがあり、そしてこの歪みが、太極拳の套路の中にも現れています。正しい太極図は、陰陽魚の外環に八卦（あるいは六十四卦）が配列されているものです。正式な名称は陰陽魚白黒太極図と言い、略して太極図と言います。陰陽魚だけでは太極図とは言えませんし、太極拳の套路としても動作を左右対称だけで考えることになって、太極拳を歪めてしまいます。陰陽魚だけで太極図を語るような考え方は、あってはならないのです。

困ったことに、近年来、陳式太極拳の理論も陰陽魚で説明するようになってしまいました。陳式太極拳の原理は周子の一図一説に基づくことから、その太極図は陰陽魚白黒太極図と違って太極五層図でなければなりません。太極図に対する理解が混乱している局面を克服するため、また太極拳が健全な軌道に沿って発展するためにも、技術動作だけでなく、太極文化を研究しなければなりません。ここでは、その太極文化を解明していきましょう。

2．三古、三聖と三易

太極図が中華第一図とも言われる理由は、おそらく二つあると思います。一つにはその図の古さから、二つ目は中国の思想や太極文化を代表する意味においてです。

《易伝・繋辞上》に「易有太極」と書いてあります。単純に日本語に訳すと「易に太極がある」となりますが、この翻訳ではあまりにも短絡すぎて日本語の意味としても理解しにくいでしょう。この言葉の本来の意味をもってすれば「《易》を創作する前に、太極図がすでにあった」と訳すべきなのです。

ここではまず、太極図の起源と変遷に関する伝説、「三古」「三聖」「三易」について簡単に説明することにしましょう。

（1）三古、三聖について

三古とは《周易》の起源、創作、伝承から本になるまでに、上古、中古、近古という三つの時期を経過したことを意味しています。上古とは伝説上では伏羲*36が暮らしていた時期をさし、歴史的には新石器時代にあたります。中古は夏、商、西周の三王朝の時代、近古は春秋戦国（東周）の時代を指しています。

伏羲先天八卦図は、伏羲によって創られた太極図のことです。上古期にはまだ文字がなく、八卦が漢字の起源であったと考えられています。著名な歴史学者・郭沫若《かくまつじゃく》は中国の文字の生まれは「易」の起源から数えるべきだと主張しました。伏羲は八卦を創編することによって、中華文

*36　伝説の中国人の祖先である。伏儀または伏義とも書く。

明の起源に大きく貢献し、それゆえ人々は、伏羲を上古の聖人と呼んで敬っています。

中古の聖人は周・文王《ぶんおう》です。周・文王は商・紂王《ちゅうおう》によって羑里《ゆうり》＊37の牢屋に監禁された際、上古の八卦と《連山易》と《帰蔵易》の研究に没頭して、新しい六十四卦を作り上げ、各卦に卦辞を書いたと言われています。その後、周・文王の息子、周公が三百八十四爻＊38に爻辞《こうじ》を書き、この時代から文字で卦形を説明するようになりました。こうして《周易》を成書するための基本が作られたのです。

この文王が作った八卦は先天八卦に対して後天八卦とも言われ、《太極拳釈名》の拳理の中心となっています。

また、のちの聖人・孔子は50歳から《易経》を研究し始め、その内容を解釈して、《易伝》を書きました。《易伝》は10の文章から成り立っていることで「十翼」とも言われています。翼とは鳥のツバサのことですが、《易経》に翼をつけて飛ぶことができるようにしたという意味です。《周易》とは《易経》と《易伝》を合わせたものです。＊39

このような発展を経て、太極拳の伝統理論の原点としての《易伝》が用意されることになったのです。

（2）三易について

古代の易書は、全部で三種類存在します。《連山易》《帰蔵易》と《周易》です。

《連山易》は神農《しんのう》氏によって作られたと伝えられています。神農氏と

＊37 古代の地名であり、今の河南省湯陰県。

＊38 爻は卦を構成する基本単位である。八卦の場合は三爻が一卦。六十四卦の場合は六爻が一卦。

＊39 日本では中国と違って、《易経》の中に《周易》と《易伝》が含まれていると、一般的には考えられている。

はすなわち炎帝《えんてい》のことです。彼は八卦を二卦毎に重ねて、初めて六十四卦を演繹したといわれています。炎帝の号は連山といい、山を象徴する艮卦を首卦としました。山は雲から出て連綿不断である喩えから、また夏という時代に流行していたことから、「夏道連連」と言います。

《帰蔵易》は軒轅《けんえん》氏によって作られたと伝えられています。軒轅氏とは黄帝《こうてい》のことです。黄帝の号は帰蔵といい、黄帝は六十四卦を演繹し、坤卦を首卦としました。坤卦は地を象徴し、万物の帰宿*40と載体*41のことです。殷商の時代に流行したことから、「殷道親親」と言います。

《周易》は周・文王によって作られたと伝えられています。周・文王の六十四卦は乾卦を首卦とし、これは、天と地が開くことで万物が初めて生まれることを意味します。また未済卦を末卦とし、これは、一つの事物の完結は次の事物の始まりでもあることを表しています。始まりそして終わり、その終わりがさらに次の始まりでもある——この循環の規律は止むことなく永遠に続く、それゆえ《周易》と名づけられたのです。また乾卦は天であり、天尊地卑の解釈から、「周道尊尊」と言います。

三種の易書のうち《連山易》と《帰蔵易》はすでに失伝しています。残る《周易》のうち《易経》は占いの本ですが、《易伝》は哲学の本です。そして、《易伝》は太極拳の伝統理論の原典ともなっているのです。

*40　易学用語で、すべてのものが大地に還ること。

*41　易学用語で、すべてのものが大地の上にあること。

3．太極図は宋の時代に復元された

《周易》に対する解釈をめぐっては、特に三つの時期が最も重要です。

第一の時期は戦国から秦までです。その頃は《周易》はすでに占いから離れ、ほとんど哲学の立場から解釈されていました。なかでも宇宙の起源と構成に深い興味が持たれ、特に「陰陽変化の道」が重視されるようになりました。《易伝》はこの時期に形成されたものと思われます。

第二の時期は漢の時代です。その頃になると、人は短い人生と永遠の宇宙との矛盾を体験し、人生に対して言葉で言い表せない空虚さや悲嘆に満たされるようになりました。そして、宇宙と人生に対する比較的円満な解釈を理論的に探し求め、哲学を用いて心の中の空虚感を埋めようとしました。この問題に対して思想家たちは《周易》に注目し、「有」と「無」をめぐって討論し、思索するようになりました。

第三の時期は宋の時代です。唐代の中央集権の崩壊によって、中国は分裂の状態に陥りました。歴史的には五代十国と称される時代です。唐代における道教の繁栄、仏教の発展、新興思潮の興隆により、伝統的思想は大きな衝撃を受け、国家の理念、社会の倫理観、道徳規範などがほとんど崩壊し、論理的思考も深刻な危機に直面することになりました。宋代の思想家たちはこれらの問題に対処すべく統一した論理的思考のモデルを作らなければなりませんでした。そのため《周易》を解釈し、易の原理に基づいて宗教、社会、倫理から人類の起源に至るまで、すべての問題を解決できるモデルを設計したのです。

《周易》を解釈し、研究するために、太極図は必要不可欠でしたが、およそ千年も前に太極図は失伝していました。宋代の初年に、道士陳摶《ちんたん》（？～989）によって太極諸図が公表されました。この太極諸図は道教によって保存されていたものを、陳摶が公開したと言われています。道士陳摶は太祖《たいそ》、太宗《たいそう》二代の皇帝に重用され、希夷《きい》先生という号を与えられました。陳摶については、無極図を崋山《かざん》の石壁に刻んだこと、武当山で修業をして心意六合八法を創始したこと、その後に二十四段錦も創ったことが知られ、武術とも縁の深い人物であったことがわかっています。

陳摶によって太極諸図が公表されたことは、易学の研究領域に大きな影響を与えることになりました。漢代以来、易学の研究分野には、義理派＊42と象数派がありました。陳摶が太極諸図を公開した後、象数派から新しい学派――図書《としょ》派＊43が誕生します。

義理派もさることながら、特に象数派と図書派が太極拳に大きな影響を与えました。十三勢という呼称は、抽象的な数字によって太極拳を表現します。これはまさに象数派理論の考え方です。現在の太極拳について二十四式、四十八式という呼称を用いるのは象数派理論を敷衍したものです。また、十三勢の布局は先天八卦あるいは後天八卦の形になっていますが、これは図書派理論の考え方なのです。宋代の易学者たちは陳摶、種放《しゅほう》、邵雍《しょうよう》（1011～1077）、劉牧《りゅうぼく》、周敦頤そして朱熹《しゅき》（朱子）等が挙げられますが、みんな図書派の代表人物です。

《漢上易伝》＊44によると、先天図は陳摶から種放へ、種放から穆修《ぼくしゅう》へ、穆修から李之才《りしさい》、李之才から邵雍へ伝えられ、邵雍によって陳摶の先天図は集大成されたといわれています。しかし、陳摶の先天図はすでに失伝してしまっていて、どんな形なのかまったくわかっていません。

ところで、伏羲先天八卦図は実は、邵雍が作ったと言われています。十三勢套路の布局において使われている太極図も先天図で、邵雍の図に関係があると推測できます。したがって太極拳は拳術の技も、その理論や図も、宋代と直接に関係があるのです。十三勢套路の構図に使われている易図はとても素晴らしく、宋代の易学の研究にとってとても重要な「史料」でもあります。

私の調査によると、太極図を記載している一番古い著作は、北宋の朱《しゅ》

＊42　哲学の立場で《周易》を解釈する易学分野の学派の一つ。
＊43　抽象的な数字と形象を用いて《周易》を解釈する易学分野の学派の一つ。
＊44　南宋の朱震《しゅしん》著。易学に関する著作。

長文《ちょうぶん》が著した《易経解》です。この著作に出てくる太極図は、八卦図の環の中に上が陽、下が陰の陰陽魚太極図があり、陰陽魚は正「S」字形になっています。

その後、南宋の張行成《ちょうぎょうせい》の《翼玄》、明代の徐鑛之《じょこうし》の《古太極測》、趙撝《ちょうき》謙《けん》の《六書本義》そして明末・趙全仲《ちょうぜんちゅう》の《道学正宗》などの著作にも太極図が記載されています。しかし、これらの太極図はほとんど逆「S」字形になっています。

史料によると南宋の羅愿《らげん》も太極図を創ったようで、この太極図と趙全仲の古太極図とは同一でした。清代の易学者、胡渭《こい》はこの太極図が最も標準的な太極図であると評価しています。この太極図の特徴は「陰陽魚」の上に４本の線を引き太極図を８等分にしている点です。八卦と「陰陽魚」が厳格に対応するようになっています。しかし羅愿、趙撝謙らの図は、太極図とは言わずに「天地自然河図《てんちしぜんかと》」と称しました。そして胡渭が、それを「天地自然之図」と書き直したのです。（**図5**）

趙撝謙の《六書本義》には、伏羲の時代に河南省滎陽《えいよう》一帯の黄河で、龍馬《りゅうば》が太極図を背負って水面から浮かんできたことから河図と言うようになった、とあります。《周易》の「河（黄河）から図が出た」、《尚書》の「河図が東序にある」という記載も天地自然河図を指していると

図5　天地自然之図

思われます。

近年、河南省蘭考県辺りで、黄河の小浪底ダムを建設する場所から、陰陽魚太極図模様の石が複数発見されました。このことから、いわゆる古代の天地自然河図とは、黄河の陰陽魚太極石ではないか、という推測も成り立ちます。

一方、南宋の朱子は天地自然河図を評価しませんでした。なぜなら朱子は太極図とはこの図ではなく、十数図だと考えたからです。しかし朱子以降の学者たちのほとんどは、この朱子の考え方を否定しています。

ところが、十三勢套路の布局は、河図の55数と洛書の45数を用いて先天八卦図を作ります。55数の河図は十数図、45数の洛書は九数図とも称されます。したがって十三勢の布局は天地自然河図ではなく、十数図と九数図によって計算されたうえで描かれた先天八卦図なのです。ということは、朱子の十数図と九数図を用いて太極図が演繹されたという考え方は、十三勢套路の布局によって証明されたことになります。

以上のことから、太極図は主に二つのルーツがあると考えられます。一つは天地自然河図であり、もう一つは十数図、九数図によって演繹して得られたものです。

陳摶から四代の伝を経て邵雍によって集大成された太極諸図とは、この十数図、九数図による太極図だと推測できます。太陽年をわずか4秒以内の誤差で計算したという邵雍は、易学者であると同時に数学者でもあり、数字の計算は得意でした。邵雍は計算によって陳摶の太極諸図を集大成したと考えられます。

伏義の先天八卦図とは実際は邵雍の作であるのに、邵雍はあくまでも伏義の先天八卦図を復元したのだと主張し続けました。

十三勢套路の布局は邵雍の先天八卦図に基づいて作られたものですから、太極拳の太極図は先天自然河図ではなく、十数図と九数図に密接に関係していることは明らかです。しかし、陳摶から邵雍に太極図が伝えられたことを示す史料は残っていても、その具体的な図形は失伝してしまい、見ることはかないません。

4．太極拳の拳理は「易」であり、「道」ではない

拳理とは、拳術の套路を創編する時に用いる理論を意味します。そして、創った套路を、この拳理に基づいて練習します。武術套路の拳理は、拳術の動作を通じて、その拳理を学ぶのが一般的です。

武術套路の拳理は太極と五行の二つです。

十三勢、紅拳（長拳）や太極蟷螂拳の拳理は太極ですが、形意拳《けいいけん》の拳理は五行と六合です。

十三勢と紅拳では拳理は同じですが、基本的な考え方が違います。

紅拳はおもに太極の外環の八卦の原理を利用して拳法の技を増やしていき、100を超える套路を創編しました。しかし、その基本技は八つしかありません。紅拳は中国の拳術の中で最も大きな拳種として知られていますが、その中身には太極の原理が隠されているのです。

十三勢の発想は紅拳と正反対です。すなわち十三勢の套路は河図、洛書、先天・後天八卦の図と原理に基づき、長拳の技を用いて創編され、そしてその原理の厳密性を巧みに利用して套路が固定されています。しかしこれは、太極拳に一つの套路しかないことを意味しているわけではありません。

同じ拳理で長拳の別の技を用いて新しい太極拳も創れるし、別の太極の理論でまた新しい太極拳も創れるのです。このようにして創編される太極拳であればこそ、本当の太極拳の流派といえるでしょう。

逆に太極の原理を無視して現在の太極拳の動作を用いても、太極拳の套路は創れないはずです。なぜならば太極拳の動作はもともと長拳からきているからです。太極の原理に基づき太極拳套路を創編することは、太極拳套路創編の最大の原則だと考えられます。

従来、太極拳の原理は「道」にあると言われてきました。しかし私は、

敢えて言うならば「道」にはなく「易」にあると思います。それは「太極」という言葉が《周易》から来たからにほかなりません。

老子の《道徳経》には確かに「無極」という言葉があります。老子の「常徳不忒、復帰於無極」という言葉は「常に高尚の道徳を保ち続けたら、再び無極に戻れる」ことを意味します。「太極は無極から生まれた」という時の無極は、老子の原意ではなかったのです。十三勢套路は《周易》の理論に基づいて創編されましたので、老子の言う無極とはほとんど関係がないと思われます。

老子の思想と「易」との関係について、邵雍は「老子、知『易』之体者也」(老子は「易」を知っていた)と指摘しました。たとえば《道徳経》第42章には「万物は陰を背負って陽を抱え、陰陽二気は互いに作用することによって調和の状態が生まれる」と書かれています。これは《易伝・繫辞上》と同様に陰陽二気の交感と動く状態を描いているのであり、太極図の両儀と四象を描いているとも言えます。そのほか、老子の「天道円円、各復於其根」等々はすべて陰陽魚太極図に関する論述であり、天地万物の変化の奥妙を述べています。

したがって清代の胡煕《こき》が「老子、荘子の文章の中身は『易』にある」と指摘したことには、根拠があります。

孔子の《易伝》はどこから来ているのでしょう？　宋代の易学家・雷《らい》思斉《しさい》の《易図通変》には「老子が西周(東周の誤り)で孔子に造易の原理を教授した」と書いてあります。孔子は洛陽で老子から《周易》について教えを受けたと言われています。このことから、孔子の《易伝》の中に「道」に関する言葉がたくさん出てくるのも不思議ではないといえます。老子の「道」は「易」の影響を受けていたので、孔子の《易伝》にも老子の「道」の思想が影響を与えていたのです。

道教の錬養思想や内丹思想の原理はすべて「易」にあります。十三勢は道士によって創られた可能性が、かなり高いと考えられます。ですから、十三勢創編の原理も、「道」でなく「易」にあると言えるのです。

第4章

長拳と十三勢

1．長拳とは

《太極拳釈名》には、十三勢は長拳とも言う、と書いてあります。これは、一見単純なようですが、実はなかなか難しいことを言っているのです。すなわち、長拳を正しく知らなければ、太極拳の創編について理解することはできないことを意味しています。長拳と太極拳の関係を究明することによって、太極拳の起源が、ようやく明らかになるのです。

現在の拳術の分類によりますと、長拳は査拳《さけん》、華拳《かけん》、紅拳、花拳《かけん》、砲《ほう》拳《けん》、截脚《たっきゃく》、翻子拳《ほんしけん》などの拳術を意味します。しかし、拳術史的にはまったく違うものであることが判明しています。次の動作名称を見てみましょう。

雲手、栽捶、十字手、十字捶、搬攬捶、伏虎勢、抱虎推山、白鶴亮翅、野馬分鬃、白馬分鬃、金鳥独立、双峰貫耳、指襠捶、裙攬、馬歩靠……。これらの動作名称は太極拳を練習する人なら、誰でも一目で太極拳のものだと思うでしょう。しかし、これらの動作名称は、もともとは紅拳のものなのです。では、どうして紅拳の動作名称が、太極拳に似ているのでしょうか？

紅拳は西安の周辺を中心に西北、西南および中原に幅広く存在しているとても古い拳種です。太極拳とこの紅拳との間には、淵源的な関係があると考えられます。太極拳と紅拳は同宗同源の関係にあると思われるのですが、その源は中国拳術套路形成の初期まで遡ることができます。

中国の拳術套路はいつの時代に生まれてきたのか、その明確な結論はありませんが、はっきりしているのは拳術套路を形成する前に「長拳短打」という拳法の分類がすでにあったことです。そして徐震《じょしん》（字は東《とう》哲《てつ》）の《国技論略》には、次のような興味深い記載があります。

「上古の拳芸は秦漢時代に突然途絶えてしまい、後漢時に拳芸が再興し始めた。毕路《へいろ》と藍縷《らんろう》はわが拳芸の始祖であり、郭頤《かくい》は一つの長手を発明し、その後に司空陪《しくうばい》が上挑下拘《じょうちょうげこう》の技を発明、そして許盈《きょえい》は後踢《こうてき》の技を、張拳山《ちょうきょさん》は前踢《ぜんてき》の技を発明した……。」

後漢以前、中国では何度も禁武の政策が実施されたため、その頃までの拳術の歴史はほとんど知られていません。しかし、後漢の郭頤の長手が、長拳の原初と言えるかもしれません。けれども、長手の「長」は「短」に対する言葉だと考えられ、中国の拳芸には長手のほかに短打も存在したかもしれません。徐震が記すような拳芸の分類は、遅くとも後漢からすでにあったということで、長拳・短打は少林・武当、内家・外家、南拳・北腿《ほくたい》などと並ぶ拳芸の最初の分類基準であったと推測されます。また、この長拳（手）・短打の分類は、套路についてではなく、拳技の分類だと考えられます。

唐の時代の拳技は套路の形を確認することができませんが、拳術集団はすでにあったようです。中国では「崑崙大仙世界伝、名曰弾腿奥無辺」という拳術の諺があります。崑崙大仙《こんろんたいせん》によって世界に伝えられた拳術は、弾腿《だんたい》と名付けられ、その奥義は無窮であると言われています。唐代の回教（イスラム教）の人々は、すでに弾腿を伝え始めていました。弾腿とは主に足の技を中心とする拳術で、三つから五つの動作を一つの組み合わせにして「路」と言い、左右に練習できる簡単な套路です。弾腿は全部で十路あるいは十二路あり、査拳の基本功として今でも回教の人々の間でよく練習されています。査拳も弾腿も拳術の分類から言うと長拳類に属します。唐代の拳術は拳技、組み手（排子手《はいししゅ》*45とも言う）と簡単な套路の三つの形でした。

宋代になって、中国の拳術は初めて套路という形で現れました。それは宋の太祖・趙匡胤《ちょうきょういん》の三十二式長拳と称されています。趙匡胤は宋の初代皇帝なので、おそらく拳術套路は、遅くとも宋代の初期にすでにあったと思われます。時を同じくして、道士陳摶の心意六合八法も確認する

*45　10ぐらいの技を組み合わせる、拳術套路の前身と思われる組み手である。

ことができます。前者は長拳で、後者は短拳です。

これらの拳術は、十三勢と深い関係があったことがわかります。十三勢の套路の「高探馬」という動作は宋・太祖によって発明された技でした。この事実が明らかになったことによって、太極拳の起源は宋・太祖の三十二式長拳の後であると推測することができます。

宋代は中国拳術の集大成とも言える時代でした。拳技、排子手、打手*46、套路が併存した時期であることが、史料によって裏づけられています。宋代の軍事試験は刀、槍、そして排子手が種目でした。宋代の長拳の套路が、その後、主に太祖長拳、紅拳、査拳の三つの流派に発展していきます。

太祖長拳は太祖門とも言い、山東省一帯に今でも流伝しています。紅拳はもともと長拳と言い、中国の最も大きな拳種で、陝紅《きょうこう》（陝西省一帯に分布している紅拳）、隴紅《りゅうこう》（甘粛省に分布している紅拳）、川紅《せんこう》（四川省に分布している紅拳）、滇紅《てんこう》（雲南省に分布している紅拳）などに分類できます。査拳は主に山東、河南省一帯で盛んです。

これらの拳種套路はすべて長拳の技を用いて創られたのです。その中には十三勢と同じ動作がたくさん含まれていることが確認できることから、同宗同源の関係にあることがわかります。十三勢を長拳とも言うのは、十三勢の套路が長拳の技を用いて創られたからにほかなりません。本来長拳とは套路ではなく技のことを意味し、拳技としての分類でした。紅拳も、太祖拳も、十三勢も、長拳基本技を用いて創られたものです。

このように、十三勢は套路形成の初期に生まれたものであり、そして、その時期は北宋です。

*46　拳の技で戦うこと。

2．十三勢の変遷

（1）陳王廷「造拳」説の根拠

1932年1月、唐豪先生は陳家溝に行き、太極拳の歴史を調査したうえで、陳王廷が太極拳の創始者であると結論づけました。1961年から顧留馨先生は中国人民体育出版社の要請を受けて《太極拳研究》を書き始めました。太極拳の起源の問題はこの本の中でも最も重要な部分です。太極拳の歴史については、顧留馨先生が唐豪先生の研究を中心に展開したので、陳王廷造拳*47説はこの著書によって幅広く知られるようになりました。ちなみに、1980年代に顧留馨先生は陳王廷造拳説を中心とした結論を若干訂正しています（主に造拳の時期を明末清初から清初に訂正）。

陳王廷造拳説については、すでに序章で三つの根拠を挙げました。それに基づいて太極拳は清初に陳家溝の陳王廷によって創られ、これまで三百年余りの歴史があると結論づけたのです。

陳王廷は自ら「造拳」と言いましたし、《陳氏家譜》に陳王廷が太極拳の創始者と書かれているのですから、陳王廷造拳説は確実でしょう。しかし、陳王廷がどんな太極拳を造ったのか、あるいはどんな条件の下で太極拳を造ったのかについて解明する必要があると思います。

（2）《拳経》と《拳経捷要》

唐、顧両先生による「陳王廷が明代の軍事家・戚継光の《拳経捷要》に基づいて太極拳を創編した」という説に対して、再検討の必要が出て

＊47　造拳とは拳術套路を創編すること。

きました。

《拳経捷要》には32の動作を取り入れて編成した拳術套路が書かれています。これを三十二勢長拳と称します。今までの研究では戚氏が十六種類の拳術をまとめて《拳経捷要》を創ったと言われています。戚氏がとりあげた十六家の拳法には長拳、短打そして跌法《てっぽう》*48、擒拿法《きんなほう》*49などが含まれていますが、《拳経捷要》に収録された拳術内容は長拳しかありません。

捷要とは短い時間でその要点を覚えることです。したがって《拳経捷要》とは短い時間で《拳経》を覚えることです。つまり、《拳経捷要》は《拳経》の要点をまとめた文献ということになり、《拳経捷要》以前に《拳経》がすでにあったはずです。だとすると《拳経》とは何でしょう？

陳家溝の「文修堂本拳譜」には《拳経総歌》*50という題目がありますが、その副標題は「百八勢長拳」と書いてあります。「文修堂本拳譜」の《拳経総歌》は《拳経》に相当し、その具体的な内容が百八勢長拳であることがはっきりとわかります。百八勢長拳は拳名の通り全套路に108の動作があり、とても長い套路ですが、重複の動作は一つもありません。

百八勢長拳は九排手通背《きゅうはいしゅつうはい》とも言います。おそらく、一排手には12の動作が含められており、それが九排手なので、計108の動作になるのです。

宋代の軍事教科書によると、兵士たちの日常練習科目は槍と刀でしたが、それ以外に体力づくりとして、排手を練習しなければなりませんでした。この排手は百八勢長拳であったと考えられます。百八勢長拳は武芸の源とも言われ、宋代あるいはそれ以前の長拳類の技法を集大成した軍事教科書のようなものでした。それゆえこの百八勢長拳は、《拳経》

---

*48　自ら倒れながら攻撃、防御する中国武術の技。

*49　中国武術で用いられる関節技の総称。

*50　七言二十二句詩。陳家溝の太極拳の特徴をまとめた内容と言われているが、私は百八勢長拳の特徴をまとめたものだと考えている。

と称されるのです。

戚継光は明代の軍事家なので、宋代の軍事教科書《拳経》に基づいて《拳経捷要・三十二勢長拳》をまとめたと思われ、その目的は兵士の体力作りにありました。

要するに、陳家溝の百八勢長拳は陳王廷の作ではなく、宋代の《拳経》です。陳王廷は《拳経》を参考にして、陳式太極拳を創編しました。一方、戚継光は《拳経・百八勢長拳》の要点をまとめて《拳経捷要・三十二勢長拳》を創編しました。陳王廷と戚継光の間には、それほど深い関係はないと思われます。

（3）陳式太極拳の易学の原理

十三勢も陳式太極拳もその原理が易学であることは変わらないものの、十三勢の創編原理は《周易》であるのに対して、陳式太極拳の創編原理は周敦頤の《太極図説》です。

従来の太極拳家あるいは研究者は、太極拳が「道」の理論であるにもかかわらず、なぜ陳式太極拳の套路には金剛搗碓《こんごうとうたい》*51という仏教の名称があるのかについて、その理由を明確にしてきませんでした。しかし、陳式太極拳套路は、この動作名称をなくしたら陳式太極拳自体が成り立たなくなるほど、重要な動作なのです。

まず、陳式太極拳創編の原理である周子の《太極図説》には、すでに述べたことをふまえると次の三つの特徴があります。

①三教合一

②五行の重視

③太極五層図

陳式太極拳の予備式は「無極象」、起勢は「太極象」と称されます。無極は老子の理論、つまり「道」です。太極は《周易》の理論で、孔子

*51　陳式太極拳の動作名称。

が《易伝》を創作したので儒教の象徴です。金剛搗碓は仏教の象徴です。つまり、陳式太極拳は、予備式、起勢、金剛搗碓の三つの動作で、道教、儒教、仏教の三教合一を表しているのです。もし、金剛搗碓を欠くことになったら、《太極図説》の原理の特徴①に合致しませんから、成り立たなくなってしまいます。だからこそ、陳式太極拳にとっては、昔も今も金剛搗碓が套路の中に入っていなければならないのです。

もっと重要なことは、陳王廷が陳式太極拳を創る時に、少なくとも二種類の拳術套路が欠かせなかったことです。一つは《周易》を原理とする拳術の套路、もう一つは五行を拳理とする拳術套路です。陳家溝の史料を調べてみると、まず陳鑫の著書《陳氏太極拳図説》に、陳家溝の始祖・陳卜《ちんぼく》が明代初期、山西省洪洞県から河南省に移住する際に太極拳を伝えたと書かれています。陳鑫の説明によると、陳卜は陳家一族が食事の消化を促進するために、この太極拳を教えたといいます。近年発見された河南省博愛県唐村の《李氏家譜》には、唐村李氏と陳家溝陳氏の関係について詳しく記録されていました。それによれば、唐村李氏と陳家溝陳卜、そして陳厚《ちんこう》、李河清《りこうせい》、蒋文礼《しょうぶんれい》等5人は同じく山西省からの移民で、移住の途中にお互い助け合って親友になり、以来、陳・李など5家族はおよそ五百年にわたって親交が続き、子供同士は通婚*52するようになりました。陳王廷の母親は李氏家族の娘で、王廷が甥にあたる李岩《りがん》(1606～1644) とともに「太極養生功十三勢拳」を創編したと記載されています。

明初の陳卜による「食事の消化促進のための太極拳」から明末の陳王廷・李岩による「太極養生功十三勢拳」まで共通する点は「柔らかい」拳術ということです。この拳術は発勁や跳躍をする陳式太極拳とは明らかに異なります。陳家溝では、明代までは「柔らかい」拳術を練習しましたが、清初の頃、陳王廷が「柔らかい」拳術を陳式太極拳に改造したと思われます。そしてこの「柔らかい」拳術とは、おそらく十三勢から変遷した太極拳十三勢なのでしょう。

---

*52 李氏家族の娘は陳氏に嫁入りし、陳氏家族の息子は李氏の婿になったりした。

清初の頃、陳王廷は太極拳十三勢を基本にして、短拳などの動作を取り入れて陳式太極拳を創編しました。十三勢は太極の原理、短拳は五行の原理ですので、これにより陳王廷には陳式太極拳を創る条件が揃ったことになります。では、陳式太極拳にとって絶対に欠かせない「短拳」とは、一体どんな拳術でしょうか？

陳鑫は晩年になって《陳氏太極拳図説》以外に、《三三拳譜》も著しました。1932年、唐豪先生は陳家溝で太極拳の歴史を調査する際、《三三拳譜》についての本の目録を見せてもらいましたが、肝心なその中身は秘伝のため、読むことができませんでした。唐豪先生によると、《三三拳譜》の目録を見た限り、形意拳の内容にきわめて似ていたそうです。拳術の分類から言うと、形意拳は短拳に属し、その拳理は五行の理論です。しかし、《三三拳譜》の内容はおそらく形意拳ではなく、短拳の内容だと思われます。なぜなら温県陳家溝は地理位置から言うと沁陽《しんよう》地区（旧称懐慶府）に属し、この地域は昔から五合、六合、七貫、小架などの短拳が盛んだったからです。

陳王廷は陳式太極拳を創編する時、五行を拳理とする短拳の動作を取り入れたのでしょう。陳家溝の砲捶はとても有名ですが、この砲捶の套路には「五行」を内蔵しているとよく言われます。間違いなく、砲捶は陳式太極拳に強い影響を与えたと思われます。

陳王廷が創編した太極拳は陳家溝では頭套拳《とうとうけん》＊53と言い、この頭套拳は陳家溝の一番古い拳術ですので、一般的に老架とも言います。しかし、陳式老架の原形はどんな形なのでしょうか？　その記録が残されていないため、私たちには見ることができません。現在、幅広く普及している陳式老架は、主に陳発科《ちんはっか》（1887～1957）によって改編された陳式太極拳です。

陳王廷が陳式太極拳を創編してから、おそらく十一代目の陳長興までの百年余の間は、太極拳十三勢と陳式老架は同時に伝承されていきましたが、陳長興が太極拳十三勢を楊禄禅に伝えたあと、太極拳十三勢は陳

＊53　陳家溝にはもともと五種類の十三勢の套路があり、頭套拳はその第一路という意味。

家溝で絶えてしまい、老架が陳家溝を代表する拳術として世間に知られるようになったのです。

（4）楊禄禅の太極拳

楊禄禅は太極拳の伝承という面から最大の功労者であると言えるでしょう。なぜなら、禄禅が北京に出て太極拳を教授したから、太極拳は失伝しないで、現在まで伝えられているからです。

楊禄禅は北京で、陳式老架の発勁や跳躍の動作を取り除いて、楊式太極拳に改造したと言われてきました。陳式太極拳は長拳と短拳を総合した拳術ですから、陳式太極拳を楊式太極拳に編成し直すためには、少なくとも陳式太極拳の中の短拳を取り除き、そこに長拳の動作を加えなければなりません。

楊禄禅にはそれを可能にする長拳の技が備わっていたことを示す史料はありません。拳術の技よりもっと難しいことは拳理の変換でしょう。陳式太極拳を楊式太極拳に変えるには、陳式太極拳の拳理である《太極図説》、つまり周子の一図一説を《周易》に変換しなければなりません。楊禄禅の太極拳は拳技、拳理とも陳式太極拳とまったく違うので、楊禄禅の太極拳は陳式老架から改造したものだという根拠は存在しません。

楊禄禅は陳家溝の陳長興に師事して太極拳を習いました。その内容は主に太極拳十三勢でした。陳長興の死去によって太極拳十三勢は陳家溝で失伝してしまいます。その代わりに、頭套拳が陳家溝で盛んになりました。《陳氏太極拳譜》には、頭套拳は一名太極拳、一名十三勢と記載されていることから、この頭套拳が陳式老架の原形と思われ、その母体は太極拳十三勢と推測できます。

陳長興から太極拳十三勢が禄禅に伝わり、禄禅が北京で教えることによって世間に広がっていったのです。そして、楊禄禅の孫・澄甫が1934年に太極拳十三勢を改造し、現在の伝統楊式太極拳八十五式とします。北京の呉式太極拳も、この太極拳十三勢から派生したものと思われます。

太極拳十三勢は太極拳流派の形成にきわめて重要な役割を果たしました。陳式太極拳老架、楊式太極拳八十五式、呉式太極拳は、套路の動作名称と構成が非常に似ている点から、陳式→楊式→呉式という順に太極拳が変遷したと推測する人が多くいます。しかし、ここには一種の誤解があります。陳式老架、楊式、呉式の三種の太極拳はすべて太極拳十三勢から変遷してきたものなのです。

そしてその後の1956年、中国体育運動委員会武術科は太極拳を普及するため、李天驥《りてんき》（1915〜1996）を中心に編写組を設立し、楊式太極拳を簡化して二十四式太極拳を創編しました。

（5）武禹襄と十三勢

武式太極拳は、中国武術、太極拳が老師から弟子に代々伝えられていくのとは違う形で形成されました。

武禹襄は、「舞陽塩店太極拳譜」に記載されていた十三勢套路を復元しようとしました。顧留馨先生の《武禹襄伝》によると、禹襄は甥の李亦畬に「太極拳の真髄をすでに知っているのだから、これから我らの努力によってそれを極めて行こう」と言ったそうです。武禹襄は武式の流派を創る気持ちはまったくなく、あくまでも、本物の太極拳を練習したいと考えていたのです。

とはいえ、この復元は「翻身」などの動作を取り入れたため、十三勢の套路の構図が乱れてしまいました。この復元作業は趙堡鎮の陳清萍の指導のもとで行われたので、動作名称は十三勢とほぼ同じですが、風格と特徴が違います。しかし、動作はある程度趙堡架に似ていたこともあり、結果として一つの流派として認められるようになりました。

李亦畬は禹襄と同じ套路を練習し、さらに弟子の郝為真に伝えました。永年県ではこの套路を武式老架と呼びます。1912年以降、郝為真が学校で武術と太極拳を教える際、動作を分解して、懶扎衣や摟膝拗歩などの動作の後ろに「開合」を取り入れました。これを、郝式あるいは武式新架と称します。

1912年に、形意拳と八卦掌《はっけしょう》の名手・孫禄堂《そんろくどう》（1860〜1933）は、郝為真の太極拳を学び、そのうえで形意拳や八卦掌の部分動作と歩法をも取り入れました。その動作の特徴から「活歩太極拳」と名付けられ、現在は孫式太極拳と呼ばれています。

まとめると、太極拳の流派は十三勢という一つの套路から二つのルートに分かれて変遷していきました。つまり、河南省陳家溝ルートと河北省永年武禹襄ルートです。その変遷ルートを**図6**に示しておきます。

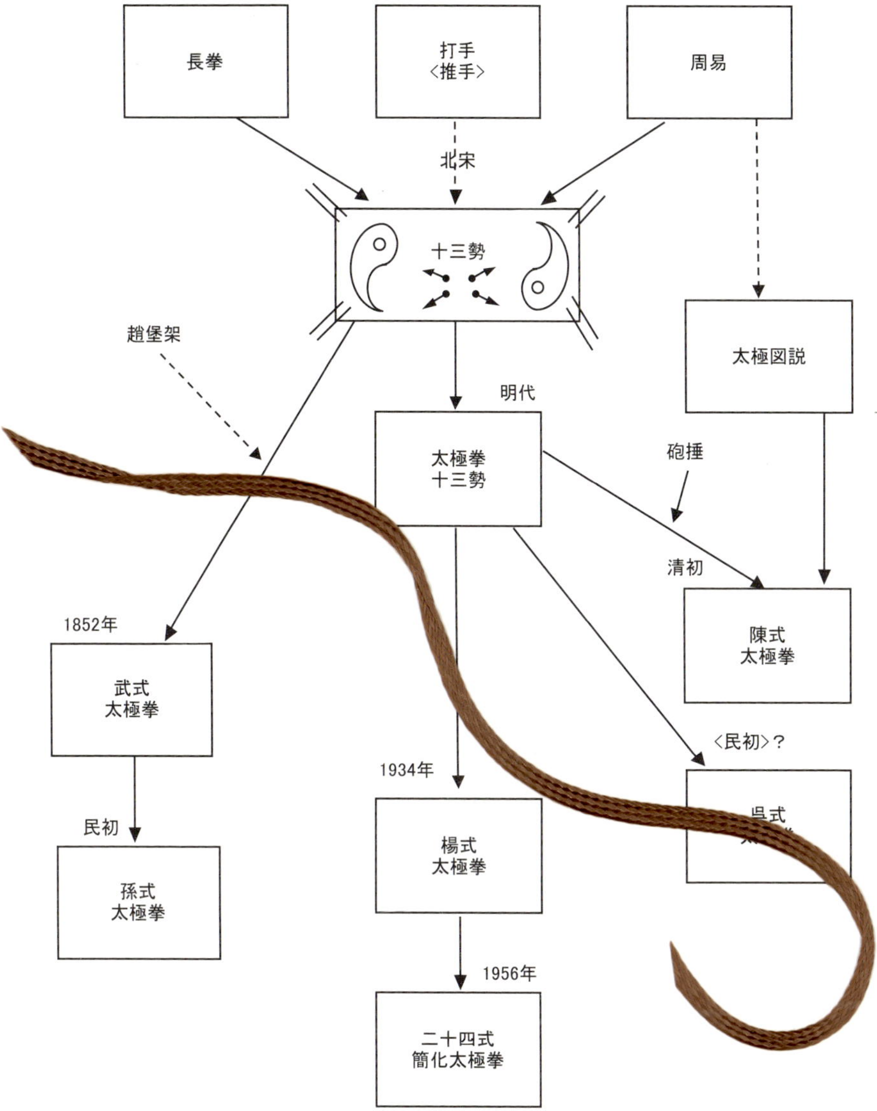
長拳
打手
〈推手〉
周易
北宋
十三勢
趙堡架
太極図説
明代
太極拳
十三勢
砲捶
清初
陳式
太極拳
1852年
武式
太極拳
〈民初〉？
呉式
1934年
民初
楊式
太極拳
孫式
太極拳
1956年
二十四式
簡化太極拳

図６　太極拳形成示意図

第5章

十三勢は
伝統文化と健康の結晶体

1．はじめに

十三勢は太極拳の源流として、動作技術はもとより套路の中に含まれている思想、文化、そして何より健康を最も重要視しています。中国の拳術は三百種類以上あるとよく言われていますが、十三勢のように、一つの套路の中にこんなにもたくさんの知識を含んでいるのは、拳術の歴史においては、おそらく初めてのことだと思います。太極拳の練習を通じて、技術を追求することはもちろん大事ですが、何よりも太極拳は人間の健康のために創編されたということを忘れてはなりません。

前述したように、十三勢の動作は長拳を取り入れて、太極の原理に基づいて創られた拳術套路ですが、もし太極の原理原則を失ってしまったら、長拳となんの変わりもないことになり、いわゆる長拳慢練《ちょうけんまんれん》（長拳をゆっくりと練習すること）にすぎなくなってしまいます。太極の原理原則のもとで動くことに太極拳の特徴があるわけで、健康を目的とした太極拳は、その原理がないと成り立たないと思います。

十三勢が形成された思想、文化、歴史的背景はとても複雑ですが、太極拳の健康に関する原理は十三勢の套路に隠されています。ここでは、十三勢套路の中に含まれている文化や養生思想の深さを解明します。

2．伝統文化の結晶体としての十三勢

太極という言葉は《周易》からきたもので、《周易》原理に基づき十三勢が創編されたことは、すでに述べました。それゆえ十三勢は、太極拳の源流なのです。

太極拳を練習する時には、脳でその原理を理解し、その原理にしたがい体を動かし、原理に基づくその身体運動を通して、心身に健康を与えます。運動中の心、意、技、体の統一は太極拳運動のメカニズムです。つまりこれは、整体健康観と言えるでしょう。この視点から言うと、太極拳と長拳は同じ拳術動作とはいえ、その本質がまったく違います。

これまで太極拳は、優秀な文化遺産だとよく言われてきましたが、その具体的な内容は主に老子の「道」を指していました。しかし、十三勢の復元により、従来の考え方を一変させることができました。なぜなら、太極拳の文化的内容は「道」よりむしろ「易」にあることがわかったからです。

十三勢が優秀な伝統文化の結晶体であるとは、具体的に言えば、《周易》と拳法を融合して創られた拳術套路だということを意味するのです。この思想と文化の内容があるからこそ、十三勢は人々に健康を与えることができます。十三勢はまさに、中国の文化と健康思想そのものなのです。

ここで、歴史的な《周易》の解釈を、あらためて要約しておきます。

上古文化としての「易」は、周・文王とその息子、周公によって初めて成書されました。その後、春秋時代に孔子が《易伝》を著し、さらに漢、宋代を経て「易」が大きな発展を遂げます。発展した「易」は、従来の占いから哲学に昇華されました。漢代以降、仙学＊54と「易」が結

＊54　元来、中国の土着宗教と言うべきもので、仙人を目指して修行すること。

びつき、内丹養生思想が生まれました。おおよそ同時期に長拳と「易」が結びついて長拳の技法を豊かにし、その後、推手（打手）という素晴らしい技撃形式の拳法が生まれました。北宋後期に長拳技法は哲学としての「易」と内丹養生思想を融合して、養生と拳法を一体化し、套路という形を生み出します。この套路が、つまりは太極拳の源流としての十三勢です。

太極拳を一つの文化現象としてとらえると、「易」の原理がその主体としてあります。十三勢はただの拳術套路ではなく、中国の優秀な思想や文化が巧みに融合して、健康増進と長生きを目的として創られた至宝であり、優れた文化遺産の結晶体なのです。

太極に対する解釈は時代によって異なるのですが、ある時期には太極は「気」、またある時期には「理」だと理解され、その見解がたびたび対立したこともありました。しかし十三勢は、身体運動として、それぞれの理論や観点を套路の中で巧みに融合し、統一させています。これは、十三勢の最も素晴らしいところだと思います。

たとえば套路の構成と構図は主に象数派と図書派を用いて創られ、体に関する説明は太極を気論としてよく使い、運動中の各動作は主に太極を「理」として説明します。象数派、図書派、義理派などの易学論が一つの套路の中で調和し、バランス良く理論的に拳術套路を支えています。

十三勢の創始者はいまだにはっきりしませんが、その創始者の学問の深さ、そして拳術の水準は並々ならぬものがあります。今、太極拳が世界に普及し、世界の人々の健康のために大きな貢献をしていることを考えると、創始者への感謝の気持ちで胸がいっぱいになります。

3．健康のための十三勢

紙、羅針盤、火薬、活版印刷術は中国古代の四大発明と言われています。しかし、生命科学に鑑みれば、十三勢の創編こそ中国最大の発明だと私は確信しています。

いわゆる四大発明は、仮に中国が発明しなくても、いずれ他の国が発明したでしょう。これは時間の問題です。しかし、十三勢（太極拳）は中国でなければ発明しえなかったと思います。その理由は拳ではなく、中国の文化と思想にあります。

中国五千年の時の流れの中で培われた優れた文化と思想、そこから生まれた養生思想と拳が歴史のある時点で融合し、一体となって、十三勢が生まれたのです。このような文化や思想がなければ、太極拳は生まれようもなかったのです。十三勢の起源はおよそ千年前ですが、その原理の淵源は遥か上古時代に遡ります。

太極拳と人体生命科学のメカニズムの解明は、太極拳研究の最大の難問です。しかし近年来、運動解剖学、運動生理学、身体動作学等々、さまざまな分野の研究が進み、大きな成果をあげています。そしてさらに十三勢の復元によって、太極拳の伝統的な健康思想に関して新たな発見があったので、ここに紹介します。

（1）《十三勢行功歌》と健康

《十三勢行功歌》は「舞陽塩店太極拳譜」の内容の一つです。この文献は本来、十三勢の套路に関する論述ですが、十三勢の套路が失伝したのち、太極拳各流派もその健康に関する理論を、主に《十三勢行功歌》の内容から引用するようになりました。

《十三勢行功歌》は十三勢と健康についての基本的な考え方の原点とも言えます。その全文は次の通りです。

《十三勢行功歌》原文

十三総勢莫軽視	命意源頭在腰隙
変換虚実須留意	気遍身躯不稍滞
静中求動動猶静	因敵変化示神奇
勢勢存心揆用意	得来不覚費功夫
刻刻留心在腰間	腹内鬆静気騰然
尾閭中正神貫頂	満身軽利頂頭懸
仔細留心向推求	屈伸開合聴自由
入門引路須口授	功夫無息法自修
若言体用何為準	意気君来筋骨臣
詳推用意終何在	益寿延年不老春
歌兮歌兮百四十	字字真切義無辺
若不向此推求去	枉費功夫貽嘆息

訳文：

十三勢套路の各動作を軽視してはいけない。動作をする時に一番大事なところは腰にある。

動作の虚実の転換に留意しなければならない。動きとともに内気が全身にめぐって滞らないように循環させる。

「静」の中に「動」が含まれ、「動」の中に「静」を保つ。相手の変化に従い、自由自在である。

各動作に心をかけて意識で導く。だが、これを身につけるのには時間がかかる。

動作を練習する時に常に腰間*55に留意しなければならない。下腹部内をリラックスさせ、気をめぐらせる。

*55　腰のあたりを指す。腰のあたりには命門を中心に気に関するツボがある。

尾閭*56は中正に保ち、精神を上丹田*57に貫き、あごをやや引き、頭はやや上に意識する。そうすると全身は軽く、動きは自由自在になる。

心をかけて以上の要諦を追求すれば、やがて動作の屈伸と開合は思うように自然に行えるようになる。

初学入門に際しては老師の直接の指導を受けなければならない。十三勢は身体にとって、そして戦う手段として奥深いので、その後自らの努力によって永遠に追求していくべし。

十三勢の動きの基本は何かと問われたら、意気を君とし、筋肉と骨を臣とすることである。つまり意識を以て気を引導し、気を以て体を動かす。

詳しく十三勢の目的はどこにあるかと推測すれば、やはり健康の増進であり、そして長生きであり、生命を保ち青春を謳歌することであろう。

この百四十文字の歌を覚えよう。それぞれの文字は十三勢の道理を説き明かしている。

この歌の道理を追求していかないと、時間と精力を費やしても思った通りの成果は得られない。(訳文終わり)

太極拳を練習することが健康に良い、長生きできるという健康増進の基本的な考え方、その原点が《十三勢行功歌》にあります。十三勢の健康論は、現在のように「太極拳を練習すると血圧に良い」とか「足腰の筋力を強める」という具体的な健康理論とは違って、整体健康論です。つまり「気で身体をコントロールし、健康になろう」ということです。この整体健康論をわかりやすく解釈すれば、天地人合一の理論、つまり、人と自然との融合です。

「万県太極拳譜」には、武当・張三峯老師の遺論が掲載されています。そこには「天下の豪傑が益寿延年を願って一生をかけて武術を練習した末に、この套路(十三勢のこと)を創編した」と書かれています。ここ

*56 本来はツボの名称であるが、本文の中では背骨を意味する。

*57 脳の中間位置にある泥丸宮《でいがんきゅう》というツボを意味する。

からも、十三勢が人々の健康と長生きのために創られた套路であることは明らかです。
それでは、十三勢と健康のメカニズムについて説明しましょう。

（2）十三勢は人と自然を融合する健康観

十三勢套路は、各動作は長拳の技から、套路は《周易》理論をもとに編成されました。《周易》の核心は太極です。そして太極は陰陽二気によって形成されています。この陰陽二気こそが健康のもとになります。端的に言えば、これがすなわち「十三勢と健康のメカニズム」です。
十三勢には三つの動作を一組みにし、あるいは同じ動作を３回繰り返すという内容が非常に多いのですが、これは八卦の「卦」に関係があります。先天八卦図も後天八卦図も十三勢の套路の中ではすべて三劃卦《さんかくけ》なので、「３」は基本数です。
たとえば「☵」（●○●でも表示できます）は三劃卦の坎卦です。このように、十三勢の中では三つの動作で一卦を完成させます。「⚊」や「⚋」は爻と言い、「⚊」は陽爻《ようこう》、「⚋」は陰爻《いんこう》を意味します。三劃卦とは三つの爻により成り立ち、三爻は一卦になるのです。
各卦の三つの爻は「三才《さんさい》」とも言い、それぞれ天、地、人を意味します。十三勢の一つ一つの動作は八卦の爻に該当し、すべてが陰と陽の属性を持ち、動作を通じて陰陽二気を得ることができます。
現在は、老子の「天人合一」の理論をもとにして、十三勢の運動の特徴を説明しています。「天人合一」と言えば、大自然の中で練習し、人と大自然が一体となることが一番の理想です。けれども本来、十三勢は大自然の中で練習しなくても（たとえ室内で練習しても）、依然として大自然と一体になれるはずです。なぜなら太極拳を練習する時には、「触景生情」（景色を見て触ってその気持ちになる）ではなく、自らの身体あるいは動作によって大自然の天、地、山、火、水などの八卦を作り、その動作と意識を合わせることで、身体への効果を高めていくからです。

十三勢は、動作を用いて太極図を作ることが目的ではありません。十三勢套路にはすべての動作に陰または陽のエネルギーの属性があり、動作を通じて気を得、この気によって健康を維持することが目的なのです。

《十三勢行功歌》は、十三勢を練習する際の、身体に対する要求と目的を述べた文献です。そこで語られていることは、生命に欠かせない大切な「気」が、太極の構図とそれを運動する時の意識によって生じる、ということです。「意気君来筋骨臣」という言葉は「意と気が君で、身体は臣である」という意味ですから、太極拳を練習する時には、意と気は筋肉や骨よりもっと大事にしなければなりません。十三勢によって「益寿延年」を得るには、意識と気を主にし、そしてこの意識と気は、太極の陰陽と構図に拠って立つものなのです。

現在の太極拳の套路は一般的に右から起勢をして左へ、そして左から右へというように往来を繰り返し、最後にまた右に戻って収勢をします。しかし十三勢の套路の動きはまったく異なっています。十三勢を練習する時は、全体的な動きとしては、まず南を向いて起勢をしたのち左に移動し、次に東を向いてまた左に移動、さらに北を向いても西を向いてもすべて左に移動し、最後に起勢の位置に戻って収勢するという流れをとります。わかりやすく言えば、十三勢を練習する時は、向きと方向は変わっても全体の流れは変わらず、ずっと左方向へ移動するわけです。このように十三勢が左へ左へと流れるのには、やはり《周易》と深い関係があります。

十三勢の構図は主に先天八卦図ですが、占いをする時には目的によって八卦図を左旋回または右旋回します。未来を知りたい場合は八卦図を右に、逆に過去を知りたい場合は左に移動させます。十三勢の套路の流れが全体的に左へ移動するということは、つまり、左に移動することによって練習者は過去の自分（若い頃の自分）に回帰することを求め、若返りを目指しているのです。《周易》は人と大自然との調和を重視しました。だから、ほとんどの養生家たちは《周易》の思想理論を用いて長寿を求めました。事実、東漢の魏伯陽《ぎはくよう》、北宋の陳摶、張伯瑞《ちょうはくずい》などは皆、百歳の長寿を全うしたと言われています。

（3）太極拳の外気と内気

十三勢は人の健康のために創編された套路です。その観点から見ると、十三勢の特徴は主に二つあります。

①套路によって健康の環境を作ること。

②伝統の気の原理で体全体をコントロールすること。

《易伝》によると、太極図の外環の八卦は天と地の間の自然現象を表しています。天、地、山、沢、風、雷、水、火の八種類の自然現象が八卦で表されているのです。十三勢はこの八卦の設計図を利用して、練習する時の環境に見立てました。この環境はとても美しく、完璧です。十三勢は身体の運動によってこの環境を作り上げ、外気を得ようとします。この外気を体内に取り込んで内気に変え、その作用で健康を維持し、長寿を得るのです。

気には、大きく分けると外気と内気があります。ただし外気であれ内気であれ、ここで言う「気」は空気とは違う生命力を維持するための基本元素として考えた方が良いでしょう。

生命力を維持するための気は、もともと「炁《き》」と書きました。上にある「无」（無）は生命の元始の状態を意味します。その下に四つの点が並んでいます。これは、加熱した石に水をかけると瞬時に大きな音を立てて水蒸気に変わる、その状態を表しています。したがって「炁」とは生命の発生を意味しているのです。

現在は「炁」という漢字は使わなくなり、その代わりに「気」を使うようになりました。ですから、この「気」には空気の意味もあり、同時に生命力を維持するための基本元素の意味もあるのです。同じく太極拳の気とは、呼吸の意味もあるし、長生きをするための基本元素という意味もあるわけです。

《十三勢行功歌》では、主に生命力を維持するための気について述べています。十三勢套路中の八卦の構図は、「気」の場所（＝気場）を作ったものと考えた方がわかりやすいでしょう。

ところで、内気には主に三種類があります。すなわち宗気《しゅうき》、衛気《えいき》、営《えい》気《き》です。宗気は生まれつきの気で、先天の気とも言います。衛気は体の免疫力を高める機能を持ち、病気から人間を守る気です。営気は食事などから摂取した栄養から気に変じたものです。ですから、営気の気は「氣」で表せばわかりやすいでしょう。

養生の奇書《黄帝内経》によれば、生まれたばかりの乳児は両親から受けた気を失わずそのまま残しているので、一般的に先天の気が一番強いそうです。

そして――

二十代から四十代までの気は旺盛に巡り働き、

五十代になると肝葉が薄くなり肝臓に流れる気が衰え、目がかすみ始め、

六十代では心臓に流れる気が衰え始め、しばしば憂悲し、気血のめぐりが緩慢となるため臥せがちになり、

七十代頃では脾臓に流れる気が虚弱になり、皮膚が枯れてつやがなくなり、

八十代になると肺に流れる気が衰え、気力が薄れて言葉を間違えがちとなり、

九十代頃では腎臓に流れる気が枯れて四臓（肝臓、心臓、脾臓、肺）の気とその経脈を流れる気が空虚になります。

そして百歳頃には五臓の気が皆、空虚になり、神気が失われ、肉体だけが残り死に至る、と書かれています。

したがって加齢するにともない、命を維持する気（元気、宗気）を養うことがとても大切になります。《十三勢行功歌》を熟読すれば、十三勢套路の練習が気の鍛錬と、それによる長寿の達成に、いかに功能があるかがよくわかります。

十三勢の養生原理は非常に複雑ですが、その套路はとても練習しやすいものです。私は十三勢を復元することによって、この創編者が、長拳に精通し《周易》と養生の理論にも造詣が深いことから、経験豊かな老人であったに違いないと確信しています。

歴史の流れの中でさまざまな原因により十三勢は変遷し、その理論と

套路が合致しなくなり、現在では、国家規定套路をはじめとする各種の自選套路が太極拳の主流になっています。しかも十三勢という太極拳の源流套路は失伝してしまい、套路の中の太極図もなくなり、その原理に混乱を生じてしまいました。結果的に、気に関する本来の健康思想も失われてしまったのです。

伝統文化と健康を重視する現代の趨勢において、十三勢の套路の復元は、太極拳の発展にとって「復興」という特別な意味があると考えています。太極拳は本質から言うと武術ですが、一番の目的はやはり健康増進と長生きです。

太極拳は単なる拳術の動作の組み合わせではなく、太極の原理が創編理論として非常に重要な役割を果たしています。太極の原理がなければ、太極拳は他の拳術となんら変わりがありません。したがって、太極の原理をともなわないような太極拳は、太極拳とは言えないのです。これは、太極拳創編の基本原則です。

十三勢を復元する過程で、私は有益な勉強の機会を得ました。すなわち、十三勢の復元の過程で膨大な史料を調査するうちに、太極拳に対する理解および認識が少しずつ変化し、歴史に共鳴し、現在の太極拳への憂慮を抱くようになり、また逆に太極拳の未来に対して自信を持つようになったのです。太極拳は武術であり、健康であり、そして思想であり、文化です。

第6章

十三勢套路の図説

十三勢の動作名称

1．身法《しんぽう》*58 八要

涵胸《かんきょう》（胸を緩めること）
抜背《ばっぱい》（背中をやや丸くすること）
裹襠《かとう》（お尻を引くこと）
護肫《ごとん》（身体をやや前傾し、動作をする時に両手で胸と腹を守ること）
提頂《ていちょう》（あごをやや引き頭をやや上に意識すること。頭頂懸《とうちょうけん》とも言う）
吊襠《ちょうとう》（肛門を引き上げること）
鬆肩《しょうけん》（肩を緩めること）
沈肘《ちんちゅう》（肘を垂らすこと。垂肘とも言う）

2．架勢程序（十三勢套路の順番）

※以下の番号は十三勢套路の55勢であり、p.98以降の図説の各動作（起勢＋収勢を含む全57動作）に付された番号とは異なる。

1. 攬雀尾　2. 単鞭　3. 提手上勢　4. 白鶴亮翅　5. 摟膝拗歩　6. 手揮琵琶勢　7. 摟膝拗歩　8. 手揮琵琶勢　9. 搬攬捶　10. 如封似閉　11. 抱虎推山　12. 単鞭　13. 肘底看捶　14. 倒輦猴　15. 白鶴亮翅　16. 摟膝拗歩　17. 三甬背　18. 単鞭　19. 紜手　20. 高探馬　21. 左右起脚　22. 転身踢一脚　23. 践歩打捶　24. 翻身二起　25. 披身　26. 踢一脚　27. 蹬一脚　28. 上歩搬攬捶　29. 如封似閉　30. 抱虎推山　31. 斜単鞭　32. 野馬分鬃　33. 単鞭　34. 玉女穿梭　35. 単鞭　36. 紜手　37. 下勢　38. 更鶏独立　39. 倒輦猴　40. 白鶴亮翅　41. 摟膝

*58　ここでは身体に対する要求として理解してよい。

拗歩　42. 三甬背　43. 単鞭　44. 紜手　45. 高探馬　46. 十字擺蓮
47. 上歩指襠捶　48. 上勢攬雀尾　49. 単鞭　50. 下勢　51. 上歩七星
52. 下歩跨虎　53. 転脚擺蓮　54. 弯弓射虎　55. 双抱捶　（終）

十三勢套路は「老三本」に記載されています。拳譜の正式名称は《十三勢架》と言います。この拳譜には、十三勢の拳術套路以外に十三刀、十三杆《じゅうさんかん》、四刀、四杆、四槍の内容も記載されています。ですがここでは、十三勢の拳術套路の内容だけを探っていくことにします。なお、十三勢の動作名称は現在の太極拳の動作名称と若干異なるところもありますが、原文のままに記載しました。

十三勢套路の動作名称は楊式太極拳とほぼ同じですが、動作の数量から言うと楊式太極拳の早期套路＝太極拳十三勢と比べて23勢と少なく、楊式太極拳の伝統套路（八十五式とも言う）と比べておよそ30勢少なくなっています。太極拳十三勢の中では、起勢（太極起勢）、斜飛式、双峰貫耳、海底針、撇身捶、白蛇吐信、収勢（合太極）の七つの動作が十三勢套路にない動作名称です。

太極拳の研究者の間ではこの套路の存在は広く知られています。けれども、私の知る限り、十三勢を復元した例はありません。

十三勢套路に関する説明

十三勢套路を正しく理解するために、はじめに次のことを説明しておきましょう。

1．十三勢の構図について

十三勢套路の構図は太極図ですが、この太極図は大きく二つの部分に分かれています。すなわち「母体部分」と「方円合一図」です。

（1）母体部分

母体部分は動作で言いますと攬雀尾という動きです。攬雀尾には二つの内容が含まれています。①太極原理の基本、②動作の母体です。

十三勢は人体を太極とし、両手あるいは両足を陰・陽とします。攬雀尾の第一の子動作は左掤勢ですが、左掤勢の場合は左手足が陽、右手足が陰となります。したがって左掤勢は太極の両儀（陰陽）を意味しています。套路の中のすべての動作は、この陰と陽によって生まれていきます。**（図7）**

拳術から言いますと攬雀尾という動作は長拳の動作の母体です。多くの動作は攬雀尾から生まれてくるので、技法の母体として考えられます。

十三勢套路は攬雀尾という動作の二つの基本要素から展開していきま

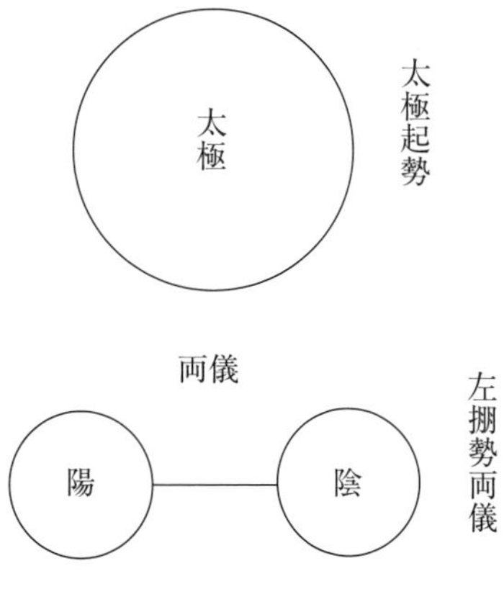

図7　太極、両儀

すので、套路の母体と位置づけられます。

（2）方円合一図

方円合一図はとても複雑な太極図ですが、その核心は先天八卦図と四象です。第1章・図３（p.28）の十三勢套路布局示意図を普通の太極図に書き変えると**図8**のようになります。真ん中の陰陽魚は人体で、陰陽魚の頭と尾は四象です。周りの八卦図は先天八卦図で、動作によって創られるものです。十三勢套路の中では先天八卦図を乾卦から巽卦まで完成させるようになっています。具体的に言いますと、乾《けん》☰―兌《だ》☱―離《り》☲―震《しん》☳―坤《こん》☷―艮《ごん》☶―坎《かん》☵―巽《そん》☴という順序で套路を行います。十三勢套路の先天八卦の構図は運動の方向、つまり「方位」を意味します。

図８の一番外側の八卦図は後天八卦図と言い、先天八卦の隣り合う二つの卦の間に配置されていますので、十三勢套路の中では「門」と言います。後天八卦は八門とも言い、実際の動作ではなく、意念です。

図８　十三勢構図の太極図

（3）四象について

四象とは陰陽魚中の老陽、老陰、少陽、少陰を意味します。その目的は套路の変化と気の活性化です。老陽は陽＋陽、老陰は陰＋陰、少陽は陽＋陰、少陰は陰＋陽により構成されます。したがって四象は易の理論から言いますと、その数字は８です。実際に十三勢套路の中の四象は次のようになっています。

第一の玉女穿梭と第二の白鶴亮翅とを組み合わせて、老陽になる。

第二の玉女穿梭と翻身二起とを組み合わせて、少陽になる。

第三の玉女穿梭と第三の白鶴亮翅と組み合わせて、老陰になる。

第四の玉女穿梭と上歩七星と組み合わせて、少陰になる。

2．起勢・収勢とその他の動作について

十三勢全套路は55の動作によって創編されています。この55の中には起勢と収勢は含まれていません。しかし、起勢と収勢は十三勢套路の中に実際には存在しているので、十三勢套路を復元する際に取り入れることにしました。したがって復元後の套路は「55＋起勢・収勢」で、全部で57の動作になっています。

十三勢の起勢は太極起勢、収勢は合太極と言います。起勢は南を向いて、収勢は北を向いて行います。そのため52番から56番までの５動作はすべて北向きです。本章の以下の図説部分では、この五つの動作において手などの動きがはっきりと見えるように背面写真を使いました。

3．十三勢の運動風格ついて

十三勢の運動風格＊59については、1934年の楊澄甫「定架子＊60」以前の風格が本来の風格に一番近いと思います。日本で一つの貴重な映像史料を見る機会がありました。それは1935年に、やがてベトナム民主共和

国の初代大統領となる革命家・ホーチミンが太極拳を練習する映像です。年代的には「定架子」直後の史料でしたが、太極拳十三勢の風格と推測できました。その太極拳は劉高明《りゅうこうめい》の風格と大変似ていたからです。1960年代に顧留馨先生はホーチミンの招きを受けてベトナムに行き、ホーチミンに太極拳を教えました。当時このことを不思議に思う人が多くいたようですが、歴史から見ますと因果関係があったと言えるでしょう。

劉高明は北京の崔毅士《さいきし》に師事しました。崔毅士は楊澄甫の12人の弟子の中の１人で、早期楊式太極拳（太極拳十三勢）を習ったと思われます。

劉高明の1970年代と1990年代の映像は系統立った記録として残っています。今回は、主にその劉高明の演練を参考にしながら、十三勢套路の風格復元をしました。

＊59　ここでいう風格は、運動の特徴のことを指す中国武術の専門用語。

＊60　1934年、楊澄甫は太極拳十三勢を改定し、現在の楊式太極拳八十五式に改編した。定架子とは太極拳を創り直して、固定すること。ある種の制定拳である。

第１部：十三勢の「母体」

１．太極起勢　*tai ji qi shi*

十三勢は長拳の技を用いて《周易》の原理に基づいて創られた拳術套路です。《周易》は天地を基準にし、天が陽、地が陰ですので、太極拳の起勢で両手を上下に動かすのは陽と陰を意味しています。十三勢をはじめ楊式、武式、呉式、孫式には無極の理論がないので、予備式はありません。陳式太極拳は《太極図説》の理論をもとにして創編されたので、無極→太極という宇宙生成観から予備式を「無極」とし、起勢を「太極」とします。しかし、十三勢は身体を太極とします。わかりやすく言えば、身体を太極の陰陽魚と見立てるのです。十三勢套路の八卦構図はこの陰陽魚から生まれてくるので、十三勢の起勢を太極起勢といいます。そして陰陽魚と八卦図を組み合わせて太極図を構成しますので、十三勢は太極拳とも言えるのです。

◆動作の説明

南に向けて両足を開立して立つ。両手をゆっくりと肩の高さに持ち上げ、そののち両膝を曲げ、同時に両手を下丹田の高さに下げる。（1-1～3）

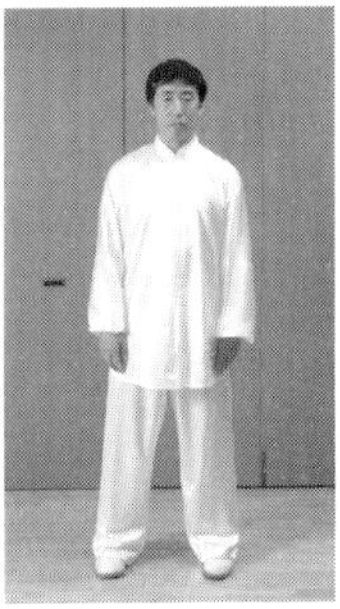

1-1

1-2

1-3

体に対する要求は本章冒頭の十三勢の「身法八要」を参考にする。
太極起勢は十三勢の55の套路の中には含まれない。

2．攬雀尾　*lan que wei*

十三勢套路は太極起勢＋攬雀尾を母体とし、その他の部分と大きく分けて考えることができます。十三勢にとって攬雀尾は非常に重要な動作です。

《易伝・繫辞上》には太極は両儀を生むと書いてあります。この両儀は十三勢の套路においては左掤勢で表されます。左手足は陽、右手足は陰を意味します。つまり最初の動作は、左手を上に、右手を下にして陰陽を表現しているのです。

太極起勢後の攬雀尾は全部で五つの子動作によって成り立っています。すなわち①左弓歩掤勢、②右弓歩掤勢、③虚歩後攌勢、④弓歩前擠勢、⑤弓歩前按勢です。

十三勢の掤、攌、擠、按を知る者は世間では稀で、「10人の武芸者のうち９人は知らない」という諺があるほどです。

十三勢にとって攬雀尾の最も重要なところは次の二点です。

①掤、攌、擠、按の四つの技は推手の基本であり、攻防に関する深い意味を有する（ただし、正しく把握する人は少ない）。

②攬雀尾は足の技と捶法を除いてすべて太極拳の技の母体である。

摟膝拗歩、野馬分鬃、搬攬捶、手揮琵琶勢、提手上勢等、ほとんどの動作は攬雀尾と関係があると今回の調べでわかりました。たとえば、攬雀尾の攌から摟膝拗歩が生まれ、摟膝拗歩をさらに変化すれば倒輦猴にも三甬背にもなります。このように十三勢の動作は、攬雀尾から二次、三次と変化して、新しい動作を生んでいくのです。十三勢の攬雀尾は長拳の母体の一部分だと推測することもできます。

攬雀尾は長拳の中では懶扎衣とも攔裙《らんぐん》とも言いますが、その由来はいまだに解明されていません。陳式太極拳では、百八勢長拳の最初の動作である懶扎衣を引用したと考えられます。懶扎衣は陳式から始まったものではなく、宋代にすでにあったのです。

十三勢の套路には攬雀尾と上勢攬雀尾があります。楊式太極拳八十五式は上勢攬雀尾を上歩攬雀尾に変えました。「上勢」と「上歩」は一文字しか変わりませんが、その意味はまったく違います。伝統楊式太極拳の前身である太極拳十三勢から十三勢套路の構図を変えたため、上勢攬雀尾の本来の意味がわからなくなり、その結果として上歩攬雀尾に変わったと思われます。この点については、のちほど「上勢攬雀尾」の節で詳しく説明します。

十三勢の套路には左掤勢と右攬雀尾はありますが、左攬雀尾はありません。伝統太極拳も十三勢から変遷してきたので、同じく左攬雀尾がありません。しかし現在の太極拳は左・右攬雀尾があります。

攬雀尾は楊禄禅によって創編されたという説もあります。楊禄禅は推手の達人で、「雀を手の平に乗せると、その雀は飛べなくなった」というエピソードから、攬雀尾の称呼がつけられたとも言われています。けれども実際には、これはまったく別の話です。

十三勢套路の攬雀尾は運動の方向に関係しています。十三勢には攬雀尾が二つあります。一つは右方向、もう一つは前方に向きます。套路の中で右は上、前方は南であり、したがって攬雀尾は強い方向性を持つ動作です。攬雀尾の「雀」は「すずめ」ではなく、朱雀[*61]です。套路の中で南方あるいは上方（右）を意味します。

攬雀尾は太極拳全体にきわめて大きな影響を与えているのです。

◆動作の説明

左掤勢：体を右に回し、両手は右側で「球」を抱えるようにして、左足を一歩前に踏み出し、重心を左足に移して「弓歩」となる。左手は下から前に持ち上げて弧形に前に推し出し、力は前腕の外側に集中する。右手は

＊61　朱雀とは中国の伝説上の神獣（神鳥）で、四神（朱雀、玄武、青龍、白虎 ）の一つ。南方を守護する神である。

下に向け右股関節の横におく。（2-1・2）

左足の爪先はやや内に入れて「横襠《おうとう》歩《ほ》」にし、左手は上に、右手は下にそれぞれやや開くようにする。（2-3）

左掤勢から重心を完全に左足に移し、両手は「球」を抱えて右足は左足に引き寄せる。（2-4）

右掤勢：右足は一歩前に踏み出し、踵で着地し、両手の「球」を小さく

2-1

2-2

2-3

2-4

2-5

2-6

2-7

2-8

2-9

2-10

する。

重心を右足に移し、弓歩にすると同時に両手はやや離れて前方に推し出す。力点*62は前腕の外側に集中する。(2-5)

捋勢：重心を後ろの足に移し、体を左に回し、「左虚歩」にする。同時に両手はやや下に沈め、左後ろに引き、左手は左腹の前、右手は右腹の前に。力点は右前腕の尺骨側にある。(2-6)

擠勢：体を右に回し、右手は胸の前におき、左手は右手首におく。両掌を向き合わせる。重心を前に移し、「右弓歩」にする。両手は一緒に前に推し出す。力点は右前腕の外側にある。(2-7・8)

按勢：①重心を後ろに移動し、「虚歩」にする。両手をやや内旋*63させ、肩よりやや狭くする。(2-9)

②重心を前に移動し、「弓歩」にする。同時に両手はやや下に押さえて前に推し出し、肩と同じ高さにする。按は力点が掌根にあるが腰を意識する。(2-10)

攬雀尾の動作で一番重要なのは上下の動きを協調することである。

3．単鞭　*dan bian*

単鞭を従来一鞭と訳してきたが、これは単純な誤解と言えます。単鞭の「単」は単一という意味ではなく、十三勢套路においては一つのまとまりを整えることです。太極拳の「鞭」とは「ムチ」ではなく、各種の動作を組み合わせてつなぐことで、単鞭は十三勢套路において異なる内容を一つにまとめることなのです。現在の太極拳には左、右の単鞭があるが、十三勢には左単鞭しかありません。十三勢套路の中の単鞭の役割は、主に動作と動作の間の「つなぎ」と運動方向の「転換」です。長拳套路の中には単鞭が三種類（順単鞭、拗単鞭、双単鞭）あります。しか

---

*62　力点とは太極拳練習をする時に勁力を集中するところを意味する。

*63　内旋とは手は内側に回転することである。外側に回転するのは外旋と言う。

し太極拳に使われたのは順単鞭だけです。

十三勢の套路では、斜単鞭を含めて全部で８回単鞭が使われます。これらの単鞭は套路の八卦布局を円滑に行うために大きな役割を果たしているのです。

◆動作の説明

《各勢白話歌》という古い太極拳の文献（主に太極拳の套路の順番を記録）の中には「扭頭回身拉単鞭」とあり、これは実に興味深い言葉である。「扭頭」とは頭を先に回すという意味で、「回身」とは次に体を回転させるという意味で、「拉」とは両側に開くという意味である。十三勢は伝統楊式太極拳と同じように、弓歩の場合に按勢から単鞭につなぐ時に、重心を前の足にかけたまま身体を回転させるので、その時に頭を先に回すのは体をスムーズに回転させるためにとても重要である。身体動作学の条件反射によると、両足を固定された場合は頭を回転させると体を回せるようになる。したがって伝統太極拳はとても合理的な動きで動作を行っていることがわかる。

拉単鞭は両手を両側に開くようにすること。したがって単鞭の動作は前の手だけでなく両手を同時に両側に開くのがポイントである。単鞭の動作は次の二つの子動作に分けられる。

収脚抱勾：左足を右足に引き寄せ、右手は勾手にし、左手は掌心を上に、勾手と上下に合わせて球を抱える。（3-1）

弓歩旋推：重心を前に移動し、両足は「弓歩」にする。同時に右手は後

3-1

3-2

ろに開いて、左手は内旋しながら前に推し出す。(3-2)

ここで十三勢套路の第1部は終わりです。この部分は太極の原理から言うと、太極から両儀が生まれることを意味しています。そして技法から言うと、攬雀尾は動作の母体であり、たくさんの動作がここを前提に生まれてくるのです。

第2部：十三勢の「核心」——方円合一図

十三勢の套路は現在の太極拳のように明確な段落はないので、段落毎に十三勢を分けることができません。したがって、ここでは第1・第2部と分けることにしました。第2部は提手上勢（4）～弯弓射虎（55）の52の動作で、八卦図をもとにして成り立っています。四象、八卦、方図、円図のすべてが、この52の動作によって作られます。これらの図案があったから、この拳術套路は太極拳と呼ばれるようになったのです。

4．提手上勢　*ti shou shang shi*

提手上勢の「上」には二つの意味があります。一つは上勢が上の動作であること、もう一つは提手が西南向きの動作であることです。十三勢の構図の中で西南は「上」という意味があるので、提手上勢というのです。提手上勢は十三勢の布局の開始動作で、十三勢の方図の四つの角の一つから始まります。

◆動作の説明

十三勢の提手上勢を分解すると次のようになる。

①虚歩提手、②攌勢、③擠勢。

①虚歩提手：両手は外旋し、掌を上に向け、重心を左足にかけたまま体を右に回し、両手は胸の前を経て西前方に合わせて推し出し、右足は踵で着地し、右虚歩にする。（4-1）

②攌勢：右足を左足に引き寄せ、両手を腹前に引く。（4-2）

③擠勢：右足を斜め前に踏み出し、体を右に回し、同時に両手をやや斜め下に推し出す。（4-3）

伝統楊式太極拳は「定架子」以前、このような組み合わせであったが、1934年以降に搬擠勢を取り除いて「簡化」したと思われる。

4-1

4-2

4-3

5. 白鶴亮翅　*bai he liang chi*

十三勢は《周易》の理論が拳理です。易の原理によると、少陰と少陽は直接変化できないため、一旦老陰あるいは老陽に変えてから次の変化に発展させる原則があります。十三勢は提手上勢が少陰で、白鶴亮翅が少陽なので両動作は直接につないではならないことから、提手上勢の次に搬擠勢を入れたのです。搬擠勢は老陰と考えられます。したがって搬擠勢と白鶴亮翅をつないだら、老陰と少陽とのつなぎになるので、原理にかなうわけです。

◆動作の説明

重心を右足にかけたまま右足の爪先を内に入れ、体を左に回し、左足を軽く持ち上げ、爪先で着地して「左虚歩」にする。左手は右腕につけたまま右手を内旋して腹前におき、体の中間線にそって胸の高さに持ち上げ、両手を内旋しながら体の前で左手は下に、右手は右に分ける。(5-1・2)

白鶴亮翅は長拳では「挑勢」と言い、受け身の動作であるが、左足の虚歩は足技も含んでいる。相手の攻めをかわして左足で蹴ることもできる。武術の言葉で「暗腿《あんたい》」と言い、つまり隠された腿法である。

白鶴亮翅は十三勢の套路の中では前後3回出てくる。十三勢は「気」に

5-1

5-2

よる健康増進を目的としているので、動作の意念はとても重要である。動作の意念としては白鶴亮翅と野馬分鬃とが対応する。白鶴は野馬に対し、亮翅は分鬃に対する対句になっている。動作の数からみると白鶴亮翅3回に対して、野馬分鬃は一つの動作を繰り返して3回行う。このような意念上の対応は十三勢ではごく普通のことで、健康作りにはとても重要である。

6．摟膝拗歩　*lou xi ao bu*

摟膝拗歩は太極拳にとって最も重要な動作です。太極拳の基本功の練習としてもよく使われています。長拳などの套路には似ている動作がありますが、同じ名称の動作は見当たりません。《拳経》にも記載されていません。しかし「拗単鞭」という動作があったので、これは同じ種類の動作だと思います。白鶴亮翅＋摟膝拗歩というつなぎ方は、今も変わらない伝統的な組み合わせとも言えるでしょう。

◆動作の説明

①体をわずかに左に回し、右手は体の前におろし、体を右に回し、右手は円弧を描きながら右後方の耳の高さにあげ、左足を右足に引き寄せる。（6-1）

②左足を一歩前に踏み出し、踵より着地し、左手は左足の上を払い、右手は曲げて耳の高さに持ってくる。（6-2）

③重心を左足に移し弓歩にし、左手は左足を払いながら大腿の横側におく。右手は耳の高さから前に推し出し、手首の高さは肩と同じである。(6-3)
摟膝拗歩は十三勢の中には前後4回出てくる。対称的な動作は倒輦猴である。

6-1

6-2

6-3

7．手揮琵琶勢 *shou hui pi ba shi*

この動作は擒拿法であり、技法としては関節技です。手揮琵琶勢は動作の構成でみると白鶴亮翅に対照する動作として考えられます。虚歩は大きく分けて二種類あります。爪先が着地する虚歩と、踵が着地する虚歩です。この二つの虚歩は今の規格によるとほぼ同じとはいえ、技の本質から見るとまったく違う動作です。白鶴亮翅は手の動きが受身技なので、歩法は撤歩《てっぽ》*64しかできません。つまり実際に戦う場合、相手が攻めてきたらやや後ろにさがって手でかわし、チャンスがあれば前の足で蹴ることを仮想しています。逆に相手の攻めが届かなければ、わざわざ前に寄ってかわしに行くとは考えられないので、十三勢套路の白鶴亮翅はすべて半歩さがるのです。手揮琵琶勢、肘底看捶のように踵が着地する虚歩は、技から言うと攻めていく動作なので前に半歩寄せるのは合理的であり、踵で着地するのは発勁のためです。したがって同じ虚歩と言っても、その内容はまったく違うのです。

*64 撤歩とは足を後ろに半歩さげること。

◆**動作の説明**

①右足を前に半歩寄せ、爪先より着地し、右手はやや前に推す。

②足を踏みしめ、重心を右足に移し、右手は斜め後ろに向けて引き、左手は円弧を描きながら前にあげる。

③左足を調節して「虚歩」にする。両手は外旋させて両掌を相対して沈める。(7)

7

8．摟膝拗歩

この摟膝拗歩は左右左と3回繰り返します。すべての伝統太極拳の摟膝拗歩もそうです。なぜ3回行うかはいまだに不明な点が残っています。また、6番にすでに摟膝拗歩が入っているので、単純に套路の構成から考えると、8番の摟膝拗歩は必要があるのかどうか疑問です。しかし、十三勢の創編者があえてまた3回繰り返すからには、何かの意図があるに違いありません。

この疑問に対する回答として一つ考えられるのは、套路構図上の対称のためではないかということです。現在の太極拳套路は陰陽理論から動作を左右対称に創る傾向がありますが、十三勢は套路構図を対称にすることを特徴とします。十三勢套路では摟膝拗歩と倒輦猴とが対称的な動作になります。簡単に説明すると、摟膝拗歩は前に進む動作ですが、摟膝拗歩をそのまま後退すると倒輦猴になります。呉式太極拳にはその名残りが見られます。十三勢套路の中では、倒輦猴が2ヶ所・計6回、摟膝拗歩が４ヶ所・計６回繰り返されます。ここで摟膝拗歩を３回繰り返さないと套路構図上の対称が崩れてしまうため、創編者は意図的に３回繰り返したのだと思います。

8-1

8-2

8-3

8-4

8-5

8-6

8-7

8-8

8-9

◆**動作の説明**

この摟膝拗歩は6番と同じ。同じ動作を3回繰り返す。

①左摟膝拗歩。(8-1・2・3)

②右摟膝拗歩。(8-4・5・6)

③左摟膝拗歩。(8-7・8・9)

9．手揮琵琶勢

7番の手揮琵琶勢とまったく同じです。それを参照してください。(9)

9

10．搬攬捶　*ban lan chui*

現在の太極拳では搬攔捶ですが、十三勢では搬攬捶と書きます。搬攬捶と搬攔捶は中国語で同じ発音で、技としての意味も伝統太極拳と同じです。搬攬捶は二歩前に進むので進歩搬攬捶とも言いますが、十三勢では上歩搬攬捶です。

技としては搬攬捶は擒拿法と打法との組み合わせです。搬攬が擒拿法であり、捶は拳のことで打法です。

《各勢白話歌》には搬攬捶の前に迎面掌という技があると記され、呉式太極拳と楊式太極拳でもよく迎面掌を使うので、十三勢を復元する時にこの技を取り入れました。迎面掌の意味は相手の顔を迎えて掌で打つことです。

◆動作の説明

搬攬捶を分解すると次のようになる。

①迎面掌：左足を外側に開き重心を前に移し、右手は左手の上から前に推し出す。顔の高さである。（**10-1**）

②上歩搬攬：体を右に回し、右足を前に踏み出して踵より着地する。右手は続けて前方に翻し、左手は右手の上腕につける。左足を前に踏み出して踵から着地する。左手は右手の内側から前に推し出し、右手は腰におく。（**10-2・3**）

③進歩打捶：左足を前に踏み出して踵より着地し、右手を腰に引き戻し、左手は右手に沿って前に推し出す。さらに重心を前に移動し、左弓歩にし、同時に右拳は立拳で前に突き、左手は右上腕につける。（**10-4**）

10-1

10-2

10-3

10-4

11．如封似閉　*ru feng si bi*

「封」は封じること、「閉」は閉じることです。二つの技とも相手が自分の身体に近づけないようにすることです。しかも如封似閉は単なる受身技ではなく、攻める技でもあります。「封」は擒拿法であり、「閉」は攬雀尾の「按」と同じです。したがって如封似閉は二つの技の組み合わせなので、一見やさしそうですがとても奥の深い技です。

◆**動作の説明**

如封似閉を分解すると次のようになる。

①左手は右手首の下から伸ばし出し、重心を後ろに移動し、両手を外旋しながら肩幅ぐらいに開く。(11-1)

②両手を内旋しながら下に推す。(11-2)

③重心を左足に移し、「弓歩」とする。両手を前に推し出す。(11-3)

５番の白鶴亮翅から如封似閉までの七つの動作は西から東に一直線に進み、太極方図の一面を創った。これらの動作は太極拳の基本的な動作である。

11-1

11-2

11-3

12. 抱虎推山　*bao hu tui shan*

楊式太極拳は抱虎帰山、呉式太極拳では豹虎帰山と言います。武式太極拳は十三勢と同じ。太極拳の動作名称は一般的に具体的な意味を持ちますが、抱虎推山という動作名称の意味はいまだに解明されていません。そのために各流派で名称が異なるのだと思います。

抱虎推山は複数の動作を組み合わせた拳勢ですが、太極拳の各動作の中では最も大きな組み合せです。抱虎推山は套路の中で斜めに動き、西北方向に向かいます。

抱虎推山の最初の子動作は十字手です。十三勢以外の太極拳では、十字手は独立の動作です。

◆**動作の説明**

抱虎推山を分解すると次のようになる。

①十字手：体を右に回し、左足の爪先を内に入れて両手は両側に開き、そして腹前から胸の高さに持ち上げ、右手は外側に、左手は内側に交叉する。（12-1）

②右摟膝拗歩：左足を内に入れて西北45度に向けて行う。（12-2・3・4）

12-1

12-2

12-3

12-4

12-5

12-6

12-7

12-8

12-9

③履勢：攬雀尾の履勢と同じ。(12-5・6)

④擠勢：攬雀尾の擠勢と同じ。(12-7)

⑤按勢：攬雀尾の按勢と同じ。(12-8・9)

抱虎推山は提手上勢と同様斜め向きの動作である。太極拳の套路が斜め向きの構図設計が多いのは、布局のバランスを良くするためだけではない。洛書の原理によれば、斜めの構図は気を活発にさせる。現在の太極拳の套路にはほとんど使われていない。

13. 単鞭

これが二度目の単鞭です。単鞭は動作の方向を変えるだけでなく、十三勢においては套路の内容が変わるたびに使われます。ここでの単鞭は方図から八卦図に移るために使われます。

◆動作の説明

動作は一度目の単鞭と同じだが、抱虎推山の方向は西北だったので、単鞭は180度反対方向になる。すなわち東南方向である。(13-1・2)

13-1

13-2

14. 肘底看捶 *zhou di kan chui*

ここでの「看」は見るのではなく打つこと、「捶」は拳の意味です。

肘底看捶とは肘の下で拳を打つことです。太極拳は、「拳」と言っても実際に拳をつかうことが少なく、掌が多いから動作が変化しやすくなるのです。これは長拳の特徴でもあります。肘底看捶は太極五捶の一つです。

十三勢においてこの動作の役割は、方図と八卦図とをつなぐ「接点」です。この動作の後から十三勢は八卦図の構図に入ります。

◆動作の説明

肘底看捶：体を左に回し、右足は左足に半歩寄せ、重心を右足にのせて左足は踵より着地し、「虚歩」とする。両手を開いて左手は体の中心線から立掌で前に出し、右手は左肘の下で拳を握る。(14-1)

迎面掌：左足を半歩前に踏み出し、重心を左足に移動して弓歩とする。右手は前に推し出し、掌心を前に向け、顔の高さにする。右拳は掌に変えて腹の前におく。(14-2)

肘底看捶は提手上勢と同じく、太極方図の東南の隅角である。構図のバランス以外に、太極の理論から言うと四象と合わせることで「気」を強くする役割がある。

14-1

14-2

15. 倒輦猴　*dao nian huo*

倒輦猴は運動の方向から言うと後ろに退く動作です。いわば摟膝拗歩の逆の動作です。この動作の別名は倒攆猴、倒捲紅、倒巻肱など。国家規定套路は倒巻肱と統一しています。

「輦《れん》」とは本来は人力車の意味でしたが、その後、皇帝専用の車を意味するようになりました。倒輦猴とは「猿」が車を引っ張ることです。猿が後ろ向きで「車」を引っ張っていくという意味です。呉式太極拳の体を前傾して後退していく動きが倒輦猴の本来の意味と一致します。陳鑫は《陳氏太極拳図説・倒捲紅》の中で、次のように説明しています。

「これは老式（十三勢を指すと思われる）の動作である。胸は地面から二尺（中国では約66cm）離す。今日の人々では完成できない。」

陳式太極拳「老式」も呉式太極拳と同じく体を前傾させて後退していく倒輦猴の本来の動きだったようです。十三勢を復元する際、「輦」に着目し、陳式「老式」と呉式太極拳の動作を参考にして、弓歩前傾の姿勢を取り入れました。

楊式太極拳の倒輦猴は虚歩で後ろに移動するのが特徴的です。その前の肘底看捶も虚歩ですから、十三勢の創編原理では二つの虚歩を繋ぐことができないので、十三勢復元にあたって楊式の採用を見送りました。

倒輦猴は一つの動作を繰り返し行いますが、問題は何回繰り返すかです。倒輦猴の次は白鶴亮翅につなぎますが、従来の伝統楊式のように4回の繰り返しでは白鶴亮翅とつなげることができません。ここの動作連環は時間をかけて考えました。

1852年に武禹襄が陳清萍の指導のもとで十三勢を復元しようとした時にはこの箇所がうまくいかずに套路の復元に失敗した、という教訓もあります。今回の復元作業では、最初は十三勢が楊式にとても似ているので、楊式太極拳の一つの套路だと想像し、それほど真剣に考えていませんでした。伝統太極拳の套路は、動作の風格こそ違うものの順番はとても似ているという特徴もありました。しかし、結果的に答えは呉式太極拳から得られました。呉式太極拳の場合は、肘底看捶の次に迎面掌があり、その次が倒輦猴です。つまり呉式太極拳の倒輦猴は、４回ではなく３回なのです。呉式太極拳は主に太極拳十三勢からの流れなので、伝統楊式太極拳八十五式より原初的な特徴を残していると考え、この考え方で復元してみたらスムーズにいくようになりました。

「輦」は皇帝の専用車です。皇帝は天子とも言い、純陽です。したがって「倒輦猴」という動作は十三勢套路布局の先天八卦円図の首卦になり、乾卦を意味します。十三勢は乾卦を掤と言い、南の方位を示します。

乾卦は三つの陽爻の組み合わせなので、その卦の形は一般的に☰で表しますが、円図の場合は○○○です。○一つは十三勢套路の中で一動作を意味するので、三つの○は３回の同じ動作を意味します。普通に考えれば乾卦は陽なので、後退する動作よりも前進する動作の方がイメージに合うはずなのですが、倒輦猴は後ろにさがる動作ですから乾卦のイメージに合わず苦心しました。でも、三つの倒輦猴がなぜ乾卦になりうるのかを考えると、理由は「輦」にあるとわかりました。「輦」は後退する猴に引かれて前進するのです。十三勢の創編者はなぜこんなに難しく理解しにくい套路の作り方をしたのでしょうか。その理由は方向にあると考えられます。十三勢の方向は、練習者の顔の向きと運動の方向に関係しています。基本的に顔は左に向いたら陽となり、逆に右に向いたら

15-1

15-2

15-3

15-4

15-5

15-6

陰となります。また体は左から右に移動する場合は陽、逆に右から左に移動する場合は陰となります。倒輦猴の場合は、練習者が左に向きながら左から右に移動するので純陽となり、八卦では乾卦にあたるのです。

◆動作の説明

重心を後ろに移動しながら左手は耳の高さに引き戻し、左足を後ろにさげて右弓歩となる。左手はさらに後ろから耳のそばに持ち上げて前に推し出す。右手は右膝を払って右太ももの横におく。これが第一の倒輦猴である。（15-1・2）

重心を左足に移動しながら右手は下から耳の高さに持ち上げ、右足を後ろにさげて左弓歩とする。同時に右手を耳のそばから前に推し出す。左手は左膝を払って左太ももの横におく。これが第二の倒輦猴である。（15-3・4）

第三の倒輦猴は第一の倒輦猴と同じ。（15-5・6）

現在は倒輦猴が倒巻肱に変わり、弓歩が虚歩に変わったことにより、動作の持つ本来の意味と動作自身の意念が失われてしまった。

16. 白鶴亮翅

この白鶴亮翅には二つの意味があります。一つは套路のつなぎとしての意味で、太極図の乾卦から兌卦に変わる時のものです。十三勢套路の

16

特徴の一つとして挙げられるのは、ある動作から次の動作に代わる際のつなぎに虚歩の動作を使うことです。もう一つの意味は、この位置の白鶴亮翅がのちの玉女穿梭と合わさり太極図の四象になるということです。

◆動作の説明

右足を後ろにさげて重心を右足に移動し、虚歩とする。両手は胸の前に抱球して、それから右手を右上に、左手を左下に分ける。(16)

17. 摟膝拗歩

兌卦も三つの動作によって成り立っています。摟膝拗歩はその一番目の動作です。

◆動作の説明

6番の動作を参照のこと。(17-1・2)

17-1

17-2

18. 三甬背 *san yong bei*

伝統楊式太極拳では山通臂または扇通背と言い、国家規定套路では閃通臂という動作名称に統一しました。三甬背は太極拳の動作名称の中では一番わかりにくいかもしれません。その意味がほとんど理解されていないのは名称の乱れが原因だと思います。現在、武式太極拳だけが三甬背という名称を使っています。

三甬背は兌卦の二番目の動作です。

◆動作の説明

右手は内旋しながら上に、さらに後ろに持ち上げ、左手は腰から前に推し出す。足は弓歩のままである。(18)

18

19. 単鞭

三度目の単鞭になります。ここの単鞭は前出の単鞭と違い、套路方向の転換とつなぎ以外に兌卦の三番目の動作でもあるので、いわゆる「一鞭多用」の巧みの技です。

◆動作の説明

重心を後ろに移動し、両手は水平に後ろに持っていき、左足を寄せ、丁歩抱勾になる。(19-1)

体を左に90度回し、左足を北方向に踏み出し、弓歩とし、左手は内旋しながら北方向に推し出す。(19-2)

摟膝拗歩、三甬背、単鞭、ここでの三つの動作を行う時には軸足を動かさない。これも兌卦の特徴に関係があると思われる。兌卦は2陽1陰なのでその卦形は☱であるが、太極円図の場合は●○○で表す。十三勢は兌卦を捌と言い、東南の方位を意味する。

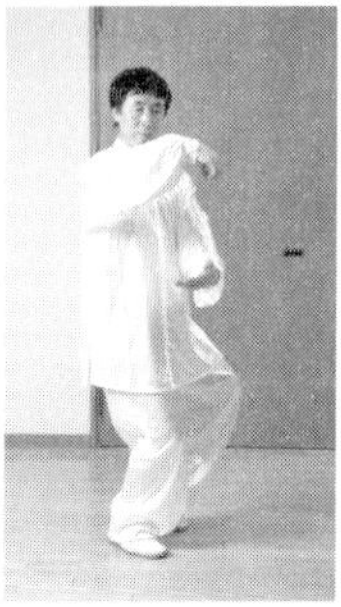
19-1

19-2

20. 紜手 *yun shou*

紜手は今日、雲手という名称に統一されています。両者の中国語の発音は同じですが、その意味はまったく違います。「雲」は空の雲を意味

20-1

20-2

20-3

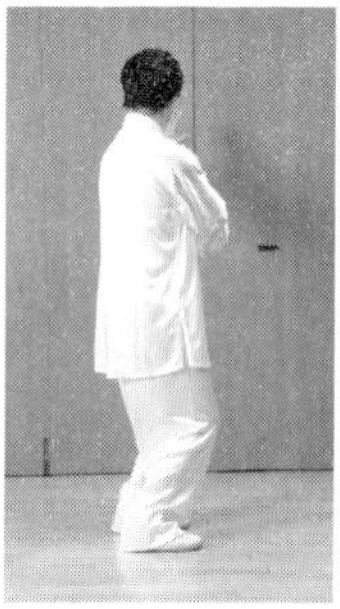
20-4

20-5

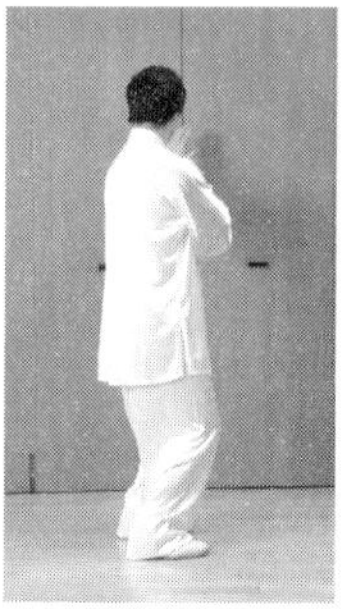
20-6

し、「紜」は数多く乱れるほど出現するという意味です。意味から言うと「紜」が正しいと思います。

紜手は太極拳だけでなく、紅拳にもある動作名称です。左右の紜手以外に前紜（雲）手、後紜（雲）手もあります。

十三勢套路の中で紜手は、太極方図を創る時に使います。太極拳の動きの中では唯一左右に繰り返し動く動作です。また、紜手は左、右というように動くのが特徴です。これは十三勢套路の中の五行に関係があります。太極拳の専門用語として左は「顧」、右は「盼」と言います。

紜手は３回行うのが一般的です。

◆動作の説明

紜手は東を向き、南から北へ動く。

①体を右に回し、左足の爪先を内側に入れる。左手は下に円弧を描いていく。（20-1）

②重心を左足に移し、右足は左に寄せて小開立歩（両足は10～20㎝の間隔）にする。腰を左に回し、左手は顔の前を経て左へ、右手は腹の前を経て左肘の下にゆっくりと円弧を描いていく。（20-2）これが第一紜手である。

③左足は左に開き、他の動作は①と同じ。（20-3）

④は②と同じ。これが第二紜手である。（20-4）

⑤は③と同じ。（20-5）

⑥は④と同じ。（20-6）これが第三紜手である。

21. 高探馬　*gao tan ma*

高探馬は太祖によって流伝してきた技である、と《拳経》は書いています。太祖とは宋代の開国皇帝・趙匡胤のことで、三十二式長拳を創編しました。十三勢を創編する時に創編者が趙匡胤の長拳の技を取り入れたと思われます。

高探馬は十三勢の套路には2回出てきますが、その役割は同じです。十三勢套路では太極方図から先天八卦図に入る時の「つなぎ」は虚歩か独立歩のどちらかです。高探馬は虚歩なので、その役割は14番の肘底看捶と同様、方図と円図とのつなぎにあります。現在の太極拳では単鞭＋高探馬という組み合わせが一般的ですが、十三勢套路では紜手＋単鞭の組み合わせがお決まりのパターンとなっています。

◆動作の説明

重心を右足に移し、左足を前に踏み出して虚歩とする。左手は腹前に戻し、同時に右手は横掌で前に推し出し、力点は小指側に集中する。（21-1・2）

21-1

21-2

22. 左右起脚 *zuo you qi jiao*

起脚は実際にどんな動作なのかいまだによくわかりません。楊式、呉式太極拳には分脚があります。武式、孫式太極拳には起脚という名称は残っていますが動作は楊式などの分脚とは違います。陳式太極拳は側脚と言います。武式太極拳は直接に十三勢套路の復元から得られた套路です。孫式と武式は関係が深いので、今回の復元にあたっては武・孫両式の起脚を採用することにしました。しかし、起脚については引き続き調べる必要があります。

左右起脚は離卦の始まりです。離卦の卦形は☲ですが、太極円図の場合は○●○で表します。十三勢の中では擠と言い、東の方位を意味します。離卦は陽爻が二つ、陰爻が一つで、左右起脚はその上爻にあたります。仮に、左起脚または右起脚だけならば陰爻に該当するので、ここではわざと左右起脚を一つの動作として取り入れたのだと思われます。

◆動作の説明

①右起脚：左足を前に踏み出し、重心を左足にかけ、両手を胸の前で立掌にし、両掌は向い合わせ、右足は股関節を軸にし、足首を曲げて持ち上げ、同時に両手は胸の高さから両側に推し出す。（22-1）

②左起脚：右足を着地して重心を右足に移す。両手を胸の前で立掌にし、左足は股関節を軸にし、足首を曲げて持ち上げ、同時に両手は両側に推し出す。（22-2）

22-1

22-2

23. 転身踢一脚　*zhuan shen ti yi jian*

転身とは体を180度回すことです。踢脚とはまず膝を曲げてから伸ばし、力点は爪先に集中させます。転身踢一脚の動作は体を180度回してから分脚にするのが適切な動作だと思います。各流派の動作を調べてみると、蹬脚になっています。また、実際の動作でも蹬脚の方がやりやすかったので、復元にあたって転身踢一脚は蹬脚にしました。

転身踢一脚は離卦の二番目の動作で陰爻です。

◆**動作の説明**

右足の踵を軸に体を左に180度回し、両手は胸の高さで左手を外側に、右手を内側にして十字手をかまえ、左足を持ち上げて踵で蹴る。同時に両手は両側に開き、肩よりやや高くする。(23)

23

24. 践歩打捶　*jiang bu da chui*

武式、孫式太極拳は践歩打捶の名称をそのまま使っていますが、楊式、呉式は進歩栽捶に変えました。この名称変更はおそらく太極拳十三勢から始まったものとみられ、楊、呉両式は太極拳十三勢をもとにしているので動作名称が同じなのも自然でしょう。

践歩は進歩とは違います。進歩は両足を一歩ずつ前へ進めることで、践歩は前に歩く意味以外にしっかりと踏みつけること、位置につくという意味も含まれています。つまり践歩打捶は所定の位置につかなければ、

24

十三勢全体の布局がずれてしまうのです。また、しっかりと踏むことは次の動作にも関係しています。次の動作は翻身二起なので、その前の動作でしっかりと踏みしめないと翻身二起の時に跳ねることができません。この二つの理由から践歩という名称がつけられたと考えられます。しかし、その一方で打捶という表現はあいまいな感じがします。践歩打捶は実際には践歩栽捶であると思います。

践歩打捶は離卦の下爻で、陽性動作です。

◆動作の説明

左足を着地してから右足、左足という順に一歩ずつ前に踏み出し、左の弓歩とする。同時に左手、右手という順に体の前で払い、弓歩になる時点で左手は膝を払い、右手は耳の高さに拳を握って斜め下に突く。(24)

25. 翻身二起 *fan shen er qi*

翻身二起は35番の第二の玉女穿梭と合わせて四象の一つの少陰となり、上は離卦に、下は震卦につながります。動作から言うと翻身二起は転身擺蓮と対称しています。

◆動作の説明

体は右後ろに180度回し、左足を持ち上げて右足でジャンプし、右手は

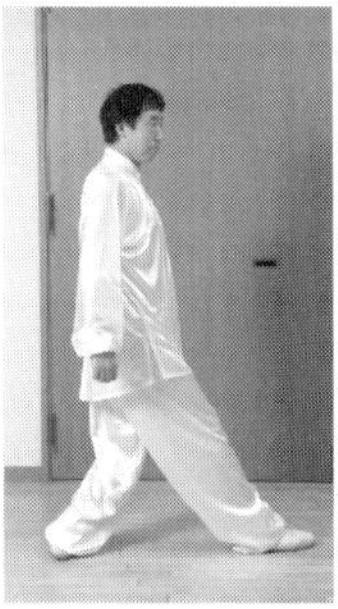
25-1

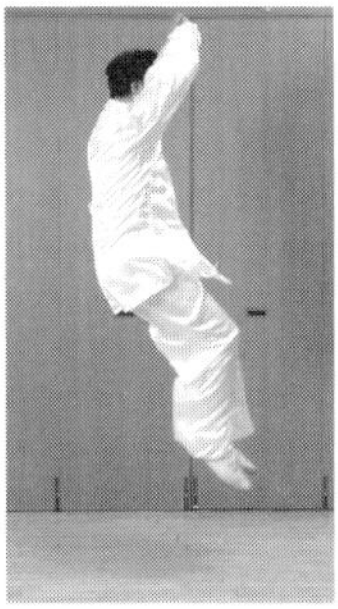
25-2

25-3

左手に打ち合わせてから右足の甲をたたく。左足は着地する。(25-1・2・3)

二起脚は太極拳の套路の中では唯一の跳躍動作であり、難しいので、陳式と孫式太極拳以外の流派はこの動作を分解して練習するようになった。

26. 披身 *pi shen*

披身は震卦の始まりです。震卦の卦形は☳で、陰は二つ、陽は一つです。披身はその陽爻にあたります。十三勢套路では「肘」と表示し、東北の方位を意味します。

披身の全名称は披身伏虎だと思われます。打虎式とも言います。披とは開くことで、体を張って虎を降伏させるという意味になります。意念としては勇気を持って虎を降伏させるのです。したがって披身は動作の陽剛の美を表しています。

太極は「柔」だけではなく、天地間の自然現象の対立と統一を表していますから、一陰一陽、一剛一柔、一静一動、一健一順などと表現します。このような太極の特徴は、太極拳運動に直接の影響を与えています。

◆動作の説明

右足は左足の後ろにさげて、続いて左足も斜め後ろにさげて弓歩とする。

26

両手は下に握にして、体は左後ろに回し、左手は頭の前に、右手は腹前に拳を握って打つ。拳眼は上下に合わせる。(26)

楊式太極拳などは左右の打虎式があるが武式太極拳には一つしかないので、ここでも左側の打虎式だけを取り入れることにした。

27. 踢一脚 *ti yi jiao*

踢一脚は震卦の二番目の動作です。踢脚とは爪先で蹴るという意味なので、ここは「分脚」と解釈しました。楊式太極拳はここで蹬脚をします。

◆動作の説明

体重をやや右足に移し、左手は上から下に、右手は下から上に円弧を描きながら胸の前で十字手にし、同時に体重は左足にかけて右足を爪先で蹴る。(27)

27

28. 蹬一脚 *deng yi jiao*

蹬一脚は震卦の三番目の動作です。蹬は踵で蹴るという意味で、蹬一脚は現在の蹬脚と対応しますが、十三勢では蹴る足が静止しません。陳式太極拳では蹬一根と言います。

◆**動作の説明**

右足を着地させて、両手は下から胸の高さに持ち上げ、左手を外側にして、十字手にする。重心を右足に掛けて、左足を持ち上げて踵で蹴る。足は腰の高さである。同時に両手は両側に開き、肩よりやや高くする。(28)

倒輦猴から蹬一脚までの套路の全体的な流れは、東を向いて北へ移動する。いわゆる左への流れである。乾卦と兌卦は主に手の技を中心とする動作だが、離卦と震卦は主に足技を中心とする動作である。

28

29. 上歩搬攬捶

ここの搬攬捶は10番の搬攬捶と同じです。それを参照してください。(29-1・2・3・4)

29-1

29-2

29-3

29-4

30. 如封似閉

ここの如封似閉は11番の如封似閉と同じです。それを参照してください。(30-1・2)

30-1

30-2

31. 抱虎推山

ここの抱虎推山は12番の抱虎推山と同じですが、方向が異なります。12番は西北を向きますが、ここでは西南を向いて行います。動作要点は12番を参照してください。(31-1～9)

29～31番は10～12番と対応している動作です。その目的は太極方図と隅角を創ることにあります。十三勢の創編者は完璧な太極図を目指して設計したものと思われますが、その理想的な太極図とは太極方円合一図です。

32. 斜単鞭 *xie dan bian*

斜単鞭の動作要点は単鞭と同じですが、この前の抱虎推山は西南の方向をむいて行うのに対して、ここでの単鞭はその反対方向に180度転身して行わなければなりません。つまり東北に向かって行うのであり、東

31-1

31-2

31-3

31-4

31-5

31-6

31-7

31-8

31-9

32-1

32-2

北45度の方位は斜めということで、この単鞭は斜単鞭と名付けられたのだと思います。

斜単鞭は各流派の太極拳套路にもありますが、各流派の太極拳套路では改編されるうちに斜単鞭本来の意味が失われてしまい、その動作名称だけが残されています。

◆動作の説明

13番を参照のこと。(32-1・2)

33. 野馬分鬃 *ye ma fen zong*

太極拳だけでなく、紅拳にも同じ動作があります。また紅拳には、ほかに白馬分鬃、花馬分鬃もあります。

野馬分鬃は斜単鞭の次の動作なので、その役割は太極方図を創ることにあります。この動作は3回繰り返します。

◆動作の説明

左足の爪先を内に入れて、身体を右に約90度回し、左手を上に、右手を下に球を抱えるようにする。右足を左足に寄せる。(33-1)

右足は一歩右斜め前に踏み出し、踵で着地して弓歩とする。右手は下から前上に、左手は上から後ろ下に分ける。これが第一の野馬分鬃である。(33-2)

体重を右足にかけ、左足を右足に寄せ、右手は上に、左手は下に球を抱えるようにする。(33-3)

左足を一歩左斜め前に踏み出し、踵で着地して弓歩とする。左手は下から前上に、右手は上から後ろ下に分ける。これが第二の野馬分鬃である。(33-4)

第三の野馬分鬃は第一と同じ。(33-5・6)

33-1

33-2

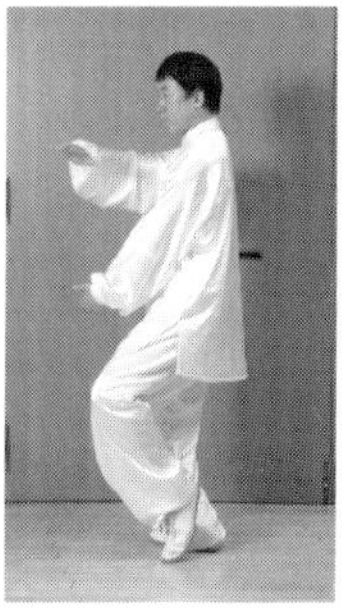
33-3

33-4

33-5

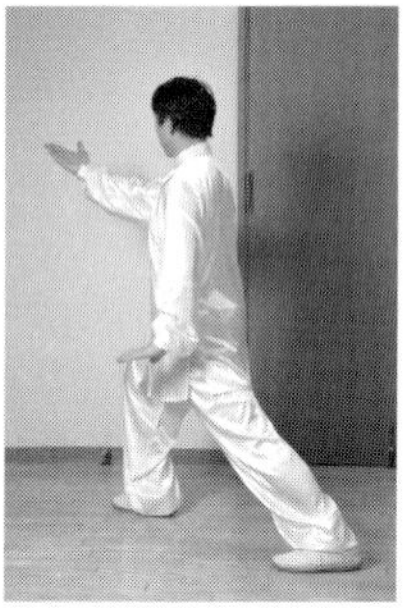
33-6

34. 単鞭

これは斜単鞭を含めると五度目の単鞭です。斜単鞭＋野馬分鬃＋単鞭という組み合わせとなっています。二つの単鞭の間に一つの動作を組み合わせる構成は必要ないと思うかもしれませんが、単鞭の役割から考え

34-1

34-2

ると絶対に必要です。33番の野馬分鬃は太極方図の一部を創るための動作であり、35番の玉女穿梭は太極円図の四象を表す動作ですので、二つの動作はまったく異なる内容となります。ですから十三勢套路の創編原則に基づき、ここにつなぎとしての単鞭を入れなければなりません。

◆動作の説明

動作は他の単鞭と同じ。３番ほかを参照のこと。（34-1・2）

35. 玉女穿梭　*yu nu chuan suo*

玉女穿梭は一つの動作を４回繰り返します。その順番と方向は次のようになっています。

一番目は西南、二番目は東北、三番目は西北、四番目は東南です。その詳細は本章冒頭の「十三勢套路に関する説明」を参照してください。

十三勢套路において、攬雀尾の第一動作の左掤勢で陰陽両儀となりますが、玉女穿梭では第二白鶴亮翅、翻身二起、第三白鶴亮翅、上歩七星の四つの動作を組み合わせて四象となります。両儀と四象がなければ八卦は成立しません。玉女穿梭は十三勢の布局のちょうど真ん中の動作なので、非常に重要な意味を持ちます。外側の太極方図の四つの隅角とも対応し、布局のバランスと動作間の連繋性を一層緻密化するために、とても大きな役割を果たしています。このことから、十三勢の創編者の考え方がいかに優れていたかがわかります。これらの動作そのものより重要なのは、各動作に含まれる意味、套路の意念・理念だと思います。健康のための太極拳は、動作よりもその中身が大切です。

◆動作の説明

左足のつま先を内に入れて右足のつま先は踵を軸にして外へ開き、重心を左足に乗せ、体を右に回して右側で球を抱えるようにする。（35-1）

左足を右足に寄せてから西南方向に踏み出し、弓歩とする。左手は頭の

上に持ち上げ、右手は腹前から肩の高さに推し出す。これが第一の玉女穿梭である。（35-2）

重心を後ろに移動して左足の爪先を内に入れて重心を左足に掛けて右足を軸足に寄せ左側で球を抱える。（35-3）

右足は東北方向に踏み出し、踵より着地して、重心を右足に移動して弓歩とする。同時に右手は上に持ち上げ、左手は東北に推し出す。これが第二の玉女穿梭である。（35-4）

右足の爪先を内に入れて体重を右足にかけて右側で球を抱える。（35-5）

左足を西北方向に踏み出し、重心を左足に移動して弓歩とする。同時に左手は上に持ち上げ、右手は西北に推し出す。これが第三の玉女穿梭である。（35-6）

左足の爪先を内に入れて体重を左足にかけ、両手は左側で球を抱える。（35-7）

右足を東南方向に踏み出し、重心を右足に移動し、弓歩とする。同時に

35-1

35-2

35-3

35-4

35-5

35-6

35-7

35-8

右手は上に持ち上げ、左手は東南に推し出す。これが第四の玉女穿梭である。(35-8)

36. 単鞭

六度目の単鞭です。これまでの単鞭と同じですが、北方向を向いて行います。(36-1・2)

36-1

36-2

37. 紜手

紜手は十三勢套路の中に全部で三つあります。ここは二度目の紜手です。基本要求は一度目の紜手と同じですが、方向が違います。一度目は東向きでしたが、ここでは北向きで行います。

37-1

37-2

37-3

37-4

37-5

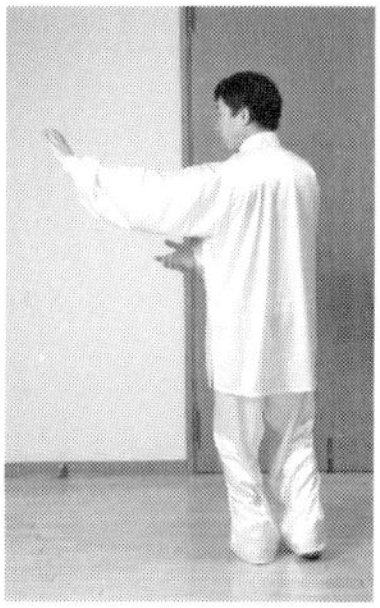

37-6

紜手は３回繰り返しますが、33番の野馬分鬃と対応して、太極方図の北側の半分を描くのに大きな役割を果たしています。動作は20番の紜手を参照してください。(37-1～6)

38. 下勢　*xia shi*

下勢は単鞭と同様、一つの内容が終わって次の内容に入る時に使われます。ただし単鞭は方向転換という機能を持っていますが、下勢にはそのような機能はありません。下勢の完成動作は単鞭によく似ているため、単鞭下勢とも言います。十三勢および伝統太極拳では、下勢は単鞭と同様左動作しかありません。下勢と対称的な動作は「上勢」です。十三勢の套路には提手上勢と上勢攬雀尾がありますが、これに対応して下勢も二度行います。

38-1

38-2

38-3

◆動作の説明

紜手を終えて右手を勾手にし、肩の高さにする。右足を曲げて重心を低くし、左足を左側に踏み出し、さらに腰を落とす。左手は左足の内側に沿って前に突き出していく。(38-1・2)

重心を左足に移し、弓歩となる。左手はさらに前に突き出していく。右手は後ろで勾手にする。(38-3)

39. 更鶏独立　*Geng ji du li*

更鶏独立は金鶏独立とも言います。更とは古代で日没後から日の出までの間を5等分して呼ぶ時刻の名で、時間の単位を意味しています。一更は約2時間です。鶏は夜に片足で立ったまま寝るので、十三勢ではその安定性を重視して更鶏独立という名称が使われたのだと思います。

十三勢の套路の中で更鶏独立の役割は、肘底看捶や高探馬と同じで、太極方図と太極円図との「接点」です。つまり更鶏独立の前は太極方図ですが、その後は太極円図になるのです。また、更鶏独立には左右があります。

◆動作の説明

左足は徐々に立ち上がり、右膝を曲げて体の前に持ち上げる。右手は体の右側から前に向けて上げていき、左手は左股関節の横に下げておく。こ

39-1

39-2

れが左更鶏独立である。(39-1)

右足はやや体の後ろに着地し、右手は右股関節の横に下げておく。右足は徐々に立ち上がり、左膝を曲げて体の前に持ち上げる同時に、左手は体の左側から前に向けて上げていく。これが右更鶏独立である。(39-2)

40. 倒輦猴

15番の倒輦猴と同じですが、方向は正反対となるため、ここでは坤卦を意味します。坤卦の卦形は一般的に☷で純陰を表しますが、太極円図では●●●と表示します。十三勢では坤卦を按と呼び、北方を意味します。(40-1～3)

40-1

40-2

40-3

41. 白鶴亮翅

41

16番の白鶴亮翅と同じですが、方向は正反対です。第三の玉女穿梭と組み合わせて四象の一つである老陰を表します。(41)

42. 摟膝拗歩 (42-1・2)
43. 三角背 (43)

42-1

42-2

43

44. 単鞭

42〜44番の三つの動作は17〜19番と同じですが、方向は正反対です。この三つの動作で艮卦を表します。卦形は一般的に☶で表し、太極円図では○●●で表示します。十三勢では艮卦を採と言い、西北の方向を意味します。(44-1・2)

44-1

44-2

45. 紜手

20番の紜手と同じですが、方向は正反対です。西を向いて左へ移動します。その役割は太極方図を作ることにあります。（45-1～6）

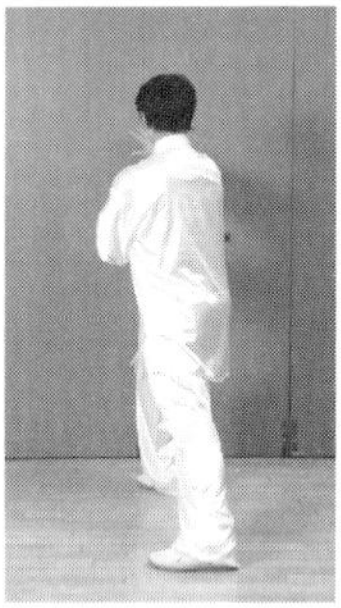
45-1

45-2

45-3

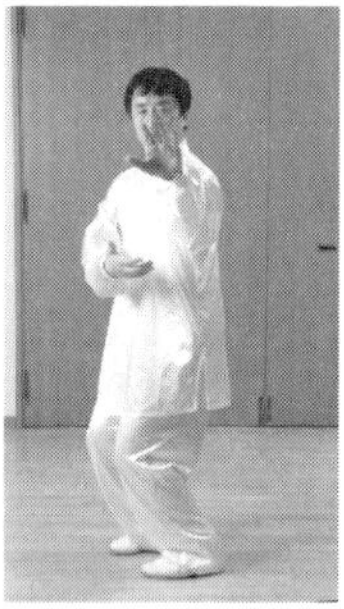
45-4

45-5

45-6

46. 高探馬

21番と同じ高探馬ですが、方向は正反対です。また、十字擺蓮にスムーズにつなぐため、ここでは帯穿掌が含まれています。伝統太極拳には高探馬帯穿掌という拳式名称があります。高探馬の役割は太極円図と太極方図とをつなぐ「接点」です。

◆**動作の説明**

①高探馬は21番を参照のこと。（46-1・2）

②帯穿掌：右手はやや下に押さえ、左足は一歩前に出し、弓歩とする。左

手は腹前から前に突き出し、首の高さにする。右手は左肘の下におく。(46-3)

46-1

46-2

46-3

47. 十字擺蓮 *shi zi bai lian*

十字擺蓮は坎卦の始まりです。一般的に坎卦は☵で表し、太極円図では●○●で表示します。十三勢では坎卦を攦と言い、西の方向を意味します。

楊式太極拳では楊澄甫が十字腿に動作を変えました。陳、呉、武の各式太極拳では十三勢と同じく十字擺蓮をそのまま使用しています。

◆動作の説明

左足の爪先を内に入れて体を180度右に回し、両手を交叉して腹前におき、虚歩とする。(47-1)

47-1

47-2

右足は左側から右側に開き、胸の前で左手で右足の甲をたたき、同時に右手は右側におく。（47-2）

48. 上歩指襠捶　*shang bu zhi dang chui*

襠とは一般的に両太腿の間の内側を意味しますが、ここでは急所の意味です。すなわち陰部に向かって打つ動きです。

坎卦の二番目の動作となります。

践歩打捶に対応する動作です。太極拳の五捶とは搬攬捶、肘底看捶、践歩打捶、上歩指襠捶、双抱捶のことを指し、共通の特徴は「短」です。つまり太極拳の捶法は長く伸ばしません。五捶とは技の中の五行（金、木、水、火、土）を意味し、足の歩法（進、退、顧、盼、定）と対応する動作となっています。武式太極拳以外では双抱捶を除き、代わりに撇身捶を取り入れました。

◆動作の説明

右足は着地して、左足を一歩前に踏み出し、虚歩とする。同時に右手は拳を握って腰に戻す。重心を左足に移して弓歩としながら、左手は左膝を払い、右拳は立拳で前に突き出す。拳の高さは襠の位置。左手は左太腿の外側におく。（48-1・2）

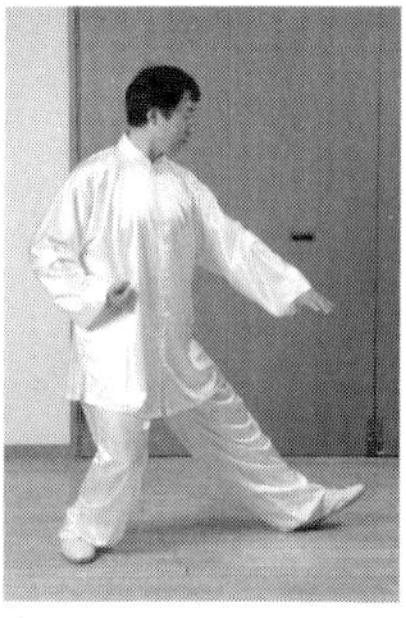

48-1

48-2

49. 上勢攬雀尾　*shang shi lan que wei*

前式の上歩指襠捶は東を向いて動作を行い、指襠捶を完成したら体を右に90度回し南を向いて攬雀尾を行うので、上勢攬雀尾と呼ぶようになりました。

楊、呉などの伝統太極拳はこの動作を上歩攬雀尾に変えました。上勢と上歩ではその意味が違います。上歩とは足を単に一歩前に踏み出すことですが、上勢とは方向を変えてそれを行うことを言います。

坎卦の三番目の動作です。

◆動作の説明

左足の爪先をやや内に入れて重心を左足に掛け、体を右に90度を回し、右足は左足に寄せる。上勢攬雀尾は２番の攬雀尾の動作と同じだが、正南方向に向けて行う。２番の右攬雀尾を参照のこと。（49-1～8）

49-1

49-2

49-3

49-4

49-5

49-6

49-7

49-8

50. 単鞭

これまでの単鞭と同じです。ただし運動の方向は正北方に向けて行います。(50-1・2)

50-1

50-2

51. 下勢

38番の下勢と同じです。前式の単鞭と下勢との間に紜手のような動作を取り入れるのが十三勢套路の本来の作り方なのですが、ここでは省略されたのだと考えられます。省略された理由は、おそらく二つあります。

①両式の間に動作を入れるとしたら紜手のように一つの動作を繰り返し3回行われなければならないが、これ以上動作を入れると動作の数量が100を超えてしまう。前述したように十三勢の動作数は河図=55と洛書=45の和と同じにする必要があり、原理的に一つの動作の増減も套路成立のためには許されなかったため、ここでは省略されるしかなかった。

②十三勢の布局に関係がある。十三勢の起勢と収勢の位置は一致している。50番の単鞭から套路の動きは北の方向に流れているが、もし三つの動作が連続して北の方向に流れて行くと収勢は起勢の位置より北寄りになり、起勢と収勢の位置が一致しなくなってしまう。そのような事態は、十三勢にはあり得ないことである。

◆動作の説明

38番の下勢を参照のこと。(51-1・2)

51-1

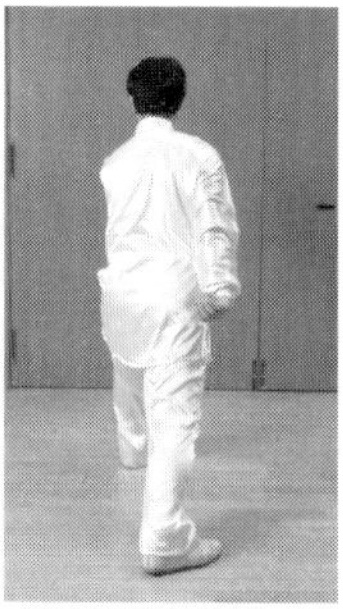
51-2

52. 上歩七星 *shang bu qi xing*

この動作はほとんどの太極拳套路の中で使われていますが、その意味はあまり知られていません。七星とは北斗七星を意味します。手と足で北斗七星をかたどるのです。現在の太極拳では一般的に左あるいは右向きの七星勢ですが、十三勢の場合は北向きです。この動作の役割は第四玉女穿梭と組み合わせて四象の少陰を表すことです。

◆動作の説明

重心を左足にかけ、右足は前に踏み出し、爪先で着地し、虚歩とする。同時に両手は拳を握って交叉し、胸の前に推し出す。(52正面図・背面図)

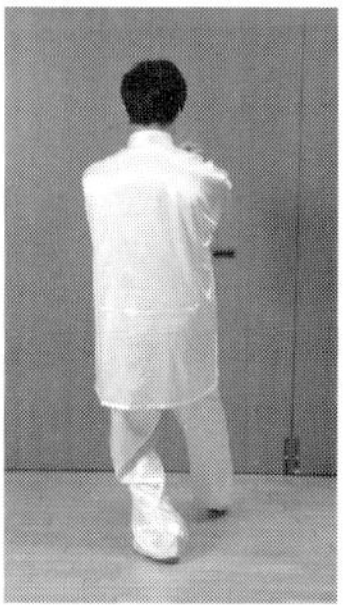
52 正面図

52 背面図

53. 下歩跨虎 *xia bu kua hu*

七星勢から一歩後ろにさがるので下歩と名付けられました。現在は退歩と言います。跨虎とはどのような意味なのか詳しくわかりませんが、《拳経》を調べてみると「跨虎勢那移発脚、要腿去不使他知……」と記載されています。跨虎勢は移動して足で蹴るが、蹴る時に相手から知られないようにする、という内容です。要するに下歩跨虎とは右足を後ろに移動し、左足で相手を蹴ることを意味しています。跨虎とは虎に乗ることではなく、相手を蹴ることなのです。

下歩跨虎は巽卦の始まりです。卦形は☴、太極円図は○○●で表します。十三勢では巽卦を靠と言い、西南の方位を意味します。

◆動作の説明

右足は後ろにさげて左足の爪先で軽く着地し、虚歩となる。両手は胸の高さから腹前を経て右手は上に、左手は下に分ける。（53正面図・背面図）

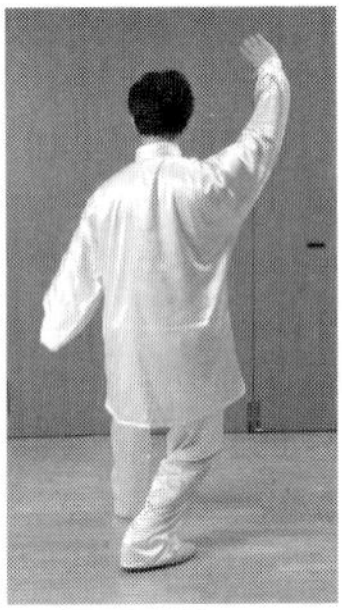

53 正面図

53 背面図

54. 転脚擺蓮 *zhuan jiao bai lian*

現在は転身擺蓮と言います。転脚擺蓮は双擺蓮とも言い、意念上は二起脚と対応します。十字擺蓮では左手で右足を迎え打ちますが、双擺蓮は両手で順次右足を迎え打ちます。

◆**動作の説明**

左足は爪先を軸にして踵を外側に回し、右足は踵を軸に爪先を外側に開き、続いて左足を東南方向に踏み出し、踵で着地して爪先を内に入れ、体は右に回し、西南方向を向き虚歩となる。同時に両手は自然に開いて体を回すとともに擺掌とする。右足を左から右に開いて振り上げ、顔の前で両手で順次足の甲を迎え打ったのち、左独立歩で両手を左へ。(54-1・2・3・4背面図)

54-1 背面図

54-2 背面図

54-3 背面図

54-4 背面図

55. 弯弓射虎　*wan gong she hu*

これは巽卦の最後の動作で、西北に向かって動きます。十三勢の中で最も武術らしい動きなので収勢の前においたと考えられます。

55 正面図

55 背面図

◆**動作の説明**

重心を低くし、右足を一歩前に踏み出して弓歩とする。同時に両手は左から腹前を経て右後ろに持ち上げる。そして右手は頭の上に持ち上げ、左手は西北方向に打ち出す。(55正面図・背面図)

以上(太極起勢を除く)54の動作によって太極の方円合一図が完成しました。この54の動作はすべて長拳の技ですが、十三勢を創編する際、創編者が太極の原理に基づいてこれらの動作に必要な改良を加えたものと思われます(たとえば、攬雀尾の「抱球」、摟膝拗歩の「陰陽魚」などの途中動作が長拳にない動作)。

56. 双抱捶 *shuang bao chui*

双抱捶は拳法の中の「五行」の「土」であると考えられ、中定を意味しますから、収勢する時に使うには理に適っています。現在では武式太極拳以外は、この双抱捶の動作はなくなってしまいました。

◆**動作の説明**

身体は右に回して、足は馬歩となる。両手は両側から円弧を描いて胸前で交叉し、右手を外側にして、拳を握る。同時に体重は左足に移し、右足は左に寄せて肩幅にする。(56背面図)

56 背面図

57. 合太極　*he tai ji*

合太極とは太極を閉じることです。すなわち太極はこれで完成しました。現在では収勢と言います。古代においては、太陽と地球と他の惑星との三者が運行の軌道上で一直線に並び、しかも地球が太陽と他の惑星の間に位置しない状態を「合」と言いました。老子の「天人合一」という論述は、この状態を意味すると思われます。天の運行に沿って動く（順天而行）と言われる十三勢の套路の流れにおいても、この「合」の意味が含まれています。

◆動作の説明

両手は内旋して掌は下に向き、肘と肩は緩め、両手は肩幅にする。（57-1背面図）

両手をゆっくりと下におろし、太腿の両側に軽くつける。（57-2背面図）

左足をゆっくりと右足に寄せ、足の爪先は真正面に向け、目は前方を見る。（57-3背面図）

57-1 背面図

57-2 背面図

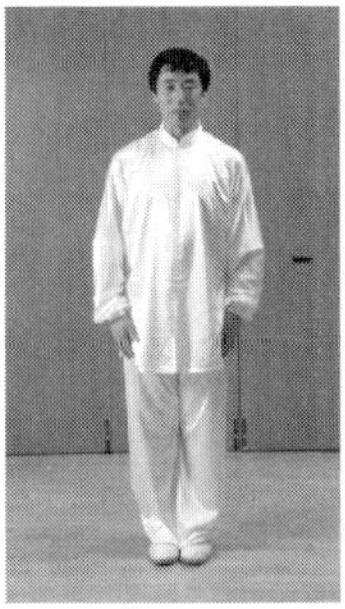
57-3 背面図

おわりに

十三勢は太極拳の源流です。創られたのは北宋の末期です。十三勢の創編には①長拳の技、②打手（現在の推手）、③易学（太極）原理の三つが必要不可欠だったでしょう。

太極拳は陳家溝の陳氏一族と楊家三代の努力によって中国全土に広まっていきましたが、そもそもは、明代以降の十三勢の三度に及ぶ大きな変革を経て、太極拳各流派の派生に至ったのです。

一度目は明代の中後期に起こったと思われます。この頃、十三勢は太極拳十三勢に変わりました。この変革で動作は55から78に増えます。他の動作はほとんど十三勢本来のものと重複していますが、太極拳十三勢には、斜飛式、双峰貫耳、海底針、撇身捶、白蛇吐信などの十三勢にない動作が含まれています。この変革によって十三勢本来の太極の構図が乱れ、構図とは無関係に太極拳套路が創られるようになり、これがのちの流派形成の大きな要因になったと思います。

二度目は陳家溝から始まりました。陳王廷は太極拳十三勢を改造して砲捶など短拳の動作を取り入れ、陳式太極拳の原初套路を創編しました。いわゆる陳王廷造拳です。陳王廷の造拳は成功し、太極拳史上、初の流派が誕生しました。陳式太極拳の誕生は、太極拳の発展にとって大きな意味があったと思います。

一方、楊禄禅は太極拳十三勢を忠実に守って教えました。しかし孫の楊澄甫は「定架子」によって太極拳十三勢をさらに改造し、楊式太極拳八十五式を編成しました。これこそ十三勢の第二次変革の結果です。同様に呉式太極拳も十三勢の第二次変革の中で誕生しました。

武式太極拳は十三勢を直接に復元しようという試みから創編されたので変革とは言えませんが、孫式太極拳はその武式太極拳からさらに二次的に変化して派生したものです。

1956年以降、国策によって簡化太極拳二十四式が創編されたことから、太極拳は第三次変革に突入しました。第三次の変革は太極拳の簡化と総合化を最大の特徴としていました。二十四式と四十八式太極拳がその代表です。

私たちは今、第四次の変革期に直面しています。今度の変革は克服すべきたくさんの難題を抱えています。様々なハードルをクリアしなければ変革はなされないでしょう。十三勢の復元はそのための布石です。十三勢自身の価値を明らかにすることもさることながら、第一の使命は、太極拳の原点に立ち返って、それによって未来に向けて太極拳を一歩前進させることです。

「発掘、整理、継承、創新、発展」は武術、なかんずく太極拳の不変の方針であり、永遠の課題です。十三勢の創編者はすべての人々の健康と長生きのために長拳と「古易*65」を融合し、ダイナミックな発想と緻密な計算で十三勢を創編しました。そして陳王廷は周子の一図一説の原理を用いて太極拳と短拳を巧みに組み合わせて、新しい太極拳を誕生させました。楊禄禅は陳家溝で太極拳十三勢を学び、それを必死に守りました。武禹襄は失伝した十三勢を復元し、「舞陽塩店太極拳譜」を整理して公表しました。そして簡化二十四式、四十八式太極拳の創編は、太極拳の新しい１ページを開くものとなりました。

千年の昔から先哲、先駆、先輩たちは太極拳と人類の健康のために偉大な貢献をしてきました。しかし、太極拳の発展がここで終わるわけではありません。太極拳はその動きと同じように、特有なリズムで時代の脈動と時代の人々の心に合わせて、ゆっくりと進化していきます。私は「古易」を讃えているのではなく、太極拳の本来の姿を述べたいのです。あくまでも太極という言葉は「易」から来たもので、太極拳は「古易」とは切っても切れない関係にあるからです。仮に、「易」から離れて太極拳を語るなら、決して太極拳の本質には至りません。太極拳は文化であり、武術であり、「易」と拳の結晶体なのです。拳と「古易」の組み

*65 《周易》はとても古い本なので古易とも言われる。

合わせがあってはじめて、健康と長生きのための太極拳は誕生したのです。

十三勢の復元によって太極拳の源流が判明しました。そこから太極拳の原理、太極拳の歴史と健康価値も再認識できました。今、私が何よりも切望するのは、私たちが原点に立つことで見えてくる太極拳の明るい未来の道筋を、正しく歩むことです。そうすることではじめて、進むべき道に沿い時代に合った太極拳を創ることができるのです。

このたびの十三勢の復元が、太極拳の未来のため、そして人々の健康のために貢献することを願ってやみません。

終章

張三峯創拳説の再考

1．張三峯創拳説の由来

張三峯が太極拳を創編したという説は古くから伝えられ、中国の民間では現在でもその「信奉者」は後を断ちません。特に楊門弟子の間では幅広く伝えられています。そこで最後に、再び張三峯創拳説について深く検証します。

繰り返しになりますが、張三峯創拳についての最も古い記録は、清・康熙８（1669）年の黄宗羲《王征南墓誌銘》です。そこには宋の張三峯が内家拳法を創編した経緯が次のように書かれています。――三峯は武当丹士で、宋の徽宗の招きで上京する途中、山賊に遭い、その夜、夢の中で玄武大帝から拳法を授かり、翌日一人で山賊百人余りを殺した、と。

また、清・雍正年間（1723～1735）の《寧波府誌・張松渓伝》にも、内家拳は宋の張三峯によって創られたと書かれています。

しかし、1669年に黄宗羲が「内家拳は宋の張三峯によって創られた」と書いた時、陳王廷は70歳になろうとしていました。つまり、すでに陳式太極拳は創られていたのです。したがって、内家拳と陳式太極拳はまったく別の拳術です。

1867年に河北永年県の李亦畬が著した《太極拳小序》は、太極拳が宋代の張三峯から始まり、その後河南・陳家溝の陳氏に伝えられたと書かれています。けれどもその後の記述を見ますと、亦畬は同じ文献の中で、誰が太極拳を創ったかは不明であると書き直しています。

陳家溝の第十六代目の陳鑫は、11年を費やして陳家溝の太極拳を調査したうえで、陳王廷が「精太極拳（太極拳に精通している）」であったという結論を導き出しました。

1900年代以前は、ほとんど、宋の張三峯が太極拳を創ったと伝えられていました。しかし1900年代初期に、元末・明初の張三丰により太極拳が創編されたという説が流行します。張三丰に関する史料はたくさん残っています。彼は明の建文から永楽年間までに活躍した人物です。けれども、張三丰が太極拳を創ったという文献は見つかっていません。したがって元末・明初の張三丰創拳説には事実の裏づけがないのです。

黄宗羲は、張三峯が内家拳を創ったと言いました。けれども、太極拳の分野では、やがて宋の張三峯創拳の説は捨てられ、その代わりに元末・明初の張三丰創拳説が生まれてきたのではないでしょうか。そして今では、張三峯と張三丰が混同され、張三峯（丰）創拳説と陳王廷創拳説が中心になっているのです。

なぜ張三峯創拳説がここで問題になってくるかというと、それは次の理由によります。

①十三勢套路が太極拳の源流であることが確認されたから。

②十三勢は陳式太極拳の遥か前よりすでに存在していたので、陳式太極拳が太極拳の源流という説が成り立たなくなったから。

《太極拳釈名》と十三勢套路の創編原理が一致したことによって、十三勢の創編について次のような特徴が明らかになりました。

太極拳の技術動作は長拳の技であり、太極拳の源流である十三勢は拳術套路形成初期の所産であるということ。そして、その時期は宋代です。《太極拳釈名》の易学原理は象数派と図書派の理論であり、第３章で述べたように、この理論も北宋の時代に生まれたものです。これによって、太極拳の源流である十三勢は、北宋に起源があることが裏づけられました。

一方、陳王廷は、太極拳十三勢を基本にして短拳の動作を取り入れ陳式太極拳を創ることで、太極拳を改造したと思われ、その時期は清初です。ですから、陳王廷は陳式太極拳の創始者ではあっても、太極拳の創始者ではありません。陳王廷太極拳創編説が成り立たなくなると、事実上、太極拳の創始者については張三峯創拳説しか残らないことになります。

しかし、張三峯という人物が実在したかどうかは千年も前に遡ることなので、いまだに証明できる史料はありません。

誰が太極拳を創ったのかという問題は、さらに検討していかなければならないのです。

2．黄宗羲について

黄宗羲は、張三峯が内家拳を創ったことを文献に残したと、これまで繰り返し述べてきました。その文献、《王征南墓誌銘》の記録を、もう一度詳しくここに書きとどめます。

「いわゆる内家拳は静を以て動を制し、攻められたら相手の技に応じてすぐ捕まえ、したがって少林外家とは異なる。その起源はおよそ宋の張三峯に遡る。三峯は武当（山）丹士であり、徽宗の招きを受け、会いに行く途中で山賊に遭い、その日の夜に玄武大帝から拳法を教えてもらう夢を見た。そして翌日、一人で百以上の強盗を殺した。」

黄宗羲は字太沖、号南雷であり、学者たちから梨洲先生と尊称されました。明清にかけての思想家、儒学者、史学家であり、考証学の祖です。宗、元、明の歴史を深く研究し、一生涯に八百巻余の書を著しました。特に史学と暦学に精通していました。明清時代屈指の宋史学者が、無責任なことを書くとは思えません。

特に《王征南墓誌銘》のような文献は歴史に残る有名な史料です。歴史を充分に考証して史実に基づいて書かれたのは当然でしょう。

けれども、黄宗羲がどのような史料を根拠にして「張三峯が内家拳を創った」と結論づけたのか、私たちは知ることができません。

3．武当山道士の錬養の特徴

「三峯は武当丹士である」――この言葉は、張三峯が武当山の道士であることを意味します。

武当山は湖北省丹江口市の西郊に位置し、太和山《たいわさん》とも言い、1994年に世界遺産にも登録されています。その歴史は古く、唐の時代にすでに武当山には五龍祠がありました。宋の真宗《しんそう》時代に道観に格上げされ、徽宗の宣和年間（1119～1125）に紫霄宮《ししょうきゅう》も建てられました。しかし元末の戦乱期に、元軍の放火により多くの建物が焼失してしまい、今日の武当山の道観（紫霄宮を含めて）はほとんど明の永楽年間（1403～1424）以降に再建されたものです。また、玄天真武大帝《げんてんしんぶたいてい》が武当山道教の主神として信仰されています。

いわゆる張三峯創拳は宋の徽宗時代の出来事でした。そして元代には、武当山の道観が元軍の放火で廃墟になるので、武当山の武術は時代を遡ると元代以前のことを指し、道観の破壊後、それは失われてしまいます。

少林武術はちょうど武当武術とは逆です。少林棍（棒術）は唐宋時期にすでにありましたが、拳術の勃興は元末以降のことです。つまり武当武術が衰えていく時に少林武術の中の拳術が盛んになりました。

現在、道教の流派は統一合併を経てほぼ整理され、主に全真道と正一道という二つの流派に分かれています。しかし、宋代には流派がたくさんあり、武当派もその一つでした。したがって、武当派とは本来は武術としての流派ではなく、道教の内丹の流派だと考えられます。

丹士たちは内丹だけでなく、武術も練習しました。「丹」には外丹と内丹がありますが、宋代は外丹が衰退し、内丹が隆興し始めた時期で、南宋においては内丹の錬養思想がピークに達し、その体系が樹立されました。

東漢の魏伯陽《周易参同契》と北宋の張伯瑞《悟真篇》が、内丹錬養の二大聖典として奉じられています。

武当派は主に内丹の修練を目的とする道教の流派でした。したがって張三峯の「丹」は内丹だと思われます。太極拳を練習する時の体に対する要求には、内丹の錬養思想も深く関わっていたのです。

4．宋の徽宗と道教

すでに述べた通り《王征南墓誌銘》には、三峯が武当丹士であり、宋の徽宗の招きを受けて会いに行く途中山賊に遭い云々、と書いてあります。ところが、張三峯に関する史料はほかには見当たりません。そこで角度を変えて、宋の徽宗に関する史料を検証してみましょう。徽宗は皇帝ですので、徽宗と道教に関する史料はたくさん残っています。

宋の徽宗趙佶《ちょうきつ》の在位は1100～1125年であり、北宋第八代の皇帝です。彼は文学、芸術、書画などに非凡な才能を持っていましたが、政治にはあまりにも無関心なため、歴史上に「悪名」を残しました。

趙氏皇族は代々道教を信奉しました。このうち道士陳摶は、太祖・太宗の両代皇帝の誉れを受け、「希夷先生」という号を賜ります。また真宗趙恒《ちょうこう》（在位998～1023）は、太宗時代から重用されていた張守真《ちょうしゅしん》という道士を尊崇し、1014年にはその像を建てています。

徽宗も道教好きで有名な皇帝でした。道教を厚く信仰し、皇帝でありながら全国の道教の教主を兼任、自ら「教主道君皇帝」と号しました。陰暦５月５日生まれの徽宗は、道士林霊素《りんれいそ》からその生誕日がよくないと言われ、自分の誕生日を10月10日に変えたという笑い話のような逸話も残っています。また、在位期間中に何度も命令を下し、全国の有名な道士を探させます。こうして茅山《もうざん》第二十五代宗師劉混康《りゅうこんこう》、龍虎山第三十代天師張継先《ちょうけいせん》、泰州の道士林霊素、張虚白《ちょうきょはく》などが、徽宗から特別な待遇を受けました。1126年の靖康の変*66に際しては、徽宗は龍袍（皇帝の着る服）を着衣せず、道袍（道士の着る服）の格好で金に捕われたと伝えられています。

---

*66　靖康は宋の徽宗時代の年号。この年、徽宗・欽宗《きんそう》親子をはじめ三千人にのぼる皇族や廷臣が金国の俘虜となり、北に移送された。歴史上、これを靖康の変という。

徽宗が張三峯と会ったという直接の史料は見つかっていませんが、黄宗羲の書き記したことには根拠があります。なぜ徽宗は武当丹士張三峯を招いたのか、史料を調べてみますと二つの理由が考えられます。それは武当山の「主神と武術」に関係しています。

背景には国家の危機がありました。

徽宗の時代には経済情勢がすでに手がつけられないほど悪化し、軍事費は減少の一途をたどっていましたが、それでも国庫収入の75%をも占めていました。

1120年、遼（契丹）の領土になっていた燕雲《えんうん》十六州を取り戻すことを願って金と同盟し、仇敵の遼を挟撃しようとしました。しかし時を同じくして、方臘《ほうろう》を指導者とする大きな反乱が国内で起こり、北方に向かうはずの宋軍はしかたなく南下します。そして1年後、ようやく反乱は鎮圧しましたが、もはや宋軍に遼攻撃の余力はなく、金の言いなりになるしかありませんでした。

1125年、金は遼を滅ぼします。その後、金は華北に侵入しますが、ちょうどその頃、徽宗は武当山に道観を建てる命令を下しています。なぜ武当山だったのか、その理由は武当山の主神にあったのでしょう。武当山主神・玄天真武大帝は武勇に優れた神として北方守護の役割を担っているという神話伝説があり、徽宗は玄武大帝を利用して北方を守ろうとしたと考えられます。つまり、神頼みです。それゆえこの困難な時期に、北方の平和を祈って、玄武大帝を主神とする武当山の有名な道士と会うということは、充分にありえる話です。

黄宗羲は「張三峯は山賊に遭った」と書きましたが、山賊は方臘反乱軍の残党ではなかったかと思います。なぜなら、百人余りもの山賊がたった一人を襲うというのはちょっと考えにくいからです。

武当山の道教はもともと内丹派であり、武当山主神の玄天真武大帝は武勇に優れ、武当山の丹士は練丹以外に武術も得意だったという、もう一つの特徴があります。五代、宋初の道士陳摶は武当山の九室岩で20年間隠居し、心意六合八法拳と十二月座功（二十四段錦ともいう）を創編したという史料もあります。

宋の徽宗時代は実に災厄の多い時代でした。中原一帯では伝染病が流行し多数の死者を出したという史料もあり、免疫力を増強し伝染病を防ぐために太極拳がこの時期に創編されたとも考えられます。「万県太極拳譜」には「武当張三峯老師は天下の豪傑が長生きできることを願い、人生をかけて拳芸を練習した末、この十三勢を創編した」とありますが、これは実に意味深いことです。このことから、徽宗が武当丹士を招くのにも一理あります。

太極拳の歴史を見ると、伝染病が流行する時に、太極拳が人々の免疫力を高めるために大きな役割を果たしていました。

元末明初の歴史を調べてみても、やはり伝染病が流行していました。元政府軍は朱元璋《しゅげんしょう》らの農民軍と中原で16年間におよぶ戦争を続け、ヨーロッパに遠征していた元軍の精鋭を政権維持のため中原に集結させました。元軍の中では黒死病（おそらくヨーロッパ遠征軍からもたらされたペスト）が発生し、その流行は元政府の行政機関を麻痺させるほどになりました。中原の住民の９割以上が戦争と伝染病の犠牲となり、その死骸は埋葬も火葬もされず（中国ではもともと火葬の習慣がありません）そのまま放置されたため、衛生条件はきわめて悪化し、いつ感染してもおかしくない環境にありました。病院も医療設備もなかったので、山西省から移住してきた陳卜は太極拳を家族に教え、伝染病から家族を守ったと考えられます。すでに書いた通り、陳鑫は《陳氏太極拳図説・自序》の中で、始祖卜は飲食物の消化促進のために太極拳を子孫に教えた、という表現を用いています。

1900年代の初め頃には、北京周辺で結核が発生し、これを予防・克服するために、この地域で太極拳が盛んに行われるようになりました。これは近代における太極拳ブームの端緒でもあります。

張三峯が夢の中で玄天真武大帝から拳術を教わり百人余りの山賊を殺した、と黄宗羲は述べていますが、この文章は太極拳の分野では一番疑問視されている箇所です。根拠不足がたびたび指摘されています。けれども、三峯が玄武大帝を夢に見たこと自体は、不思議なことではないと思います。なぜなら張三峯は武当山の道士です。信心深い人間が自らの神に祈りを捧げるのは当然のことですし、三峯は困難に遭ったがゆえに本山の玄武主神を夢に見たということでしょう。宗教心のない人には信心深い人を理解することは難しいものです。

5．太極拳と内家拳法

黄宗羲の張三峯創拳説は太極拳のことではなく、内家拳法のことです。しかし1900年代以前までは、楊式太極拳の門人たちは代々、宋代の武当山の張三峯が太極拳を創ったと伝えられてきました。

ところで、黄宗羲の子・百家《ひゃっけ》は王征南《おうせいなん》に師事し内家拳を練習し、師が亡くなった７年後に《内家拳法》を著しました。百家の著書を詳細に調べてみると、内家拳法とは套路のことではなく、技の集まりであることが明らかになりました。技以外に六路と十段錦もあります。その動作名称と練習の方法は十三勢とはまったく異なります。しかし、内家拳法の一部の技は紅拳によく似ていることがわかったので、内家拳と十三勢との接点が少し判明してきました。

紅拳、十三勢、内家拳のいずれも長拳の技であり、すべて套路を形成する初期のものです。長拳自体を表技だとすれば、内家拳は長拳の裏技です。わかりやすく言えば、長拳の技を打ち破る秘密技（絶招）です。武当山の裏技は身内にしか教えないことから「内家拳」と名付けたのではないでしょうか。

中国武術では、武当派とは太極拳、八卦掌、形意拳を意味し、内家拳のいわゆる「老三拳」のことです。けれどもここでいう「内家拳」は、黄百家の《内家拳法》とはまったく別のものです。

武当山の張三峯が内家拳法を身につけていたということは、打破する対象である長拳の技をも知っていたはずです。

百家は、張三峯が少林拳にも精通していたと述べています。この少林拳とは長拳のことだと思います。なぜなら「少林拳」とは、元末以降の呼称だからです。宋代には有名な少林棍がありましたが、少林拳はまだなかったのです。

武術の諺に「南の武当を崇め、北の少林を尊ぶ」といい、武当も少林も武術で有名でした。しかし武術史的に言うと、武当山の拳術は元代以前は盛んでしたが、元代に元軍による道観破壊で道士は離散し、明代以降はさらに内丹思想の衰退などが原因し、民間の中に散失してしまいました。

かたや元末に、少林寺の和尚・覚遠上人《かくえんしょうにん》が、紅拳や五拳などの拳術を少林寺に持ちかえって保護します。やがて明代中葉から、少林寺は拳術で世間にその名を知られるようになりました。

単純に「拳」としての立場から見ると、武当山の「拳」の内容は（十三勢は套路ですがそれ以外は）技を中心として成り立っていました。一方、少林寺の「拳」は、拳術套路が中心です。その点を考慮すれば、武当山の拳法は少林寺の拳術より古いはずです。しかし武具類から考えると少林寺の方が古く、棍法は唐代にすでにありましたし、宋代には盤龍《ばんりゅう》棍《こん》（盤羅棍《ばんらこん》ともいう）も盛んに練習されていました。武当山も少林寺も、ともに古い歴史を持っていたのです。

黄宗羲は宋元の歴史の専門家で、考証学の祖と言われるほどの人物です。黄宗羲の「北宋の武当山の張三峯創拳説」は史料に基づいて書かれたもので、その信頼性はとても高いと思われます。一方、楊門弟子を中心に伝えられている宋の張三峯創拳説については確かな史料は少ないのですが、口承による歴史として代々伝えられてきたものなので、否定はできません。おそらくどちらの「張三峯」も、北宋時代の同一人物だったのでしょう。

いずれにしても、十三勢を創編した人が太極拳の創始者なのですから、太極拳の創始者には少なくとも次の三つの条件が必要でした。

①長拳に精通し、打手（推手のこと）が得意であること。

太極拳の動作技術はすべて長拳の技から取り入れたものであり、長拳に精通していなければ太極拳を創編することはできません。また、十三勢の布局は打手の考え方を取り入れたものであり、打手ができないと十三勢套路を創編できません。打手は太極拳を創編する前にすでにありました。私の知る限り、「打手歌」という拳譜が五つあります。太極拳の打手歌とされる拳譜はほかの四つの打手歌と同じく、もとはと言えば、長拳の打手歌でした。宋代の《拳経総歌》は、百八勢長拳の技の使い方について総括しています。その一節に「従放屈伸人莫知、諸靠纏我皆依」(私は従、放、屈、伸などの技を使う時に相手にわからないようにする。相手が靠、纏、繞などの技を使う時には私はすべて随っていく)という言葉があります。これは太極拳の推手を論じたものではなく、長拳の打手法を論じたものです。太極拳を創編する時に打手の方法を取り入れたことから、太極拳と打手は同じ系列になったと推測できるのです。したがって、長拳と打手が上手くできないと、十三勢は創れないといえます。

②《周易》殊に易学の象数学と図書理論に精通していること。

「十三」という数字および套路中の動作名称は、象数学に密接な関係があります。十三勢の布局は正統な図書派の理論です。つまり河図、洛書、先天図、後天図が十三勢の布局の中で使われるには、象数学や図書理論に精通していることが必要となります。

③内丹学に精通していること。

十三勢を練習する時の身体に対する要求と内面を重視する練習法は、道教の内丹学に直接関係があります。十三勢では「不老の丹」を練習するのだと太極拳家はよく言います。「不老の丹」とは内丹学に直接由来する言葉です。丹は薬の意味であり、「不老の丹」とは長生きの薬ということです。長生きをするために十三勢を練習するのです。武当山の道士は、もともと練丹を中心として修行する丹士でしたから、拳術の練習を内丹思想と融合させることは武当丹士にとって自然な流れであったと言えます。

あとがき

唐代の詩人・賈島《かとう》に「十年一剣を磨く、霜刃《そうじん》未だ嘗て試みず」（十年磨一剣、霜刃未嘗試。）という「剣客」の千古詩句があります。太極拳を練習する人々には昔から「太極（拳）十年不出門」という言葉があり、その意味は太極拳が10年間の練習を重ねて、ようやく一人前になれるというものです。陳家溝の陳鑫は11年間の歳月をかけて《陳氏太極拳図説》という大作を完成しました。こう考えれば、剣でも、太極拳でも、そして太極拳の本を書くにしても、少なくとも10年間は必要であることがわかります。

私は、太極拳の源流を探るという試みを始めて、ちょうど10年になります。しかし、いざ本にしようとしますと、初めて私の知識と学問が足りないことを知りました。これだけ努力してきても、一冊の本を書くためには、その「磨き」はやはり不足していたのです。昼間は太極拳の教室に追われ、ほとんど深夜の時間を利用してこの研究を続けました。忙しい日々でしたが、私にとって充実と幸せの歳月でもありました。

十三勢は北宋の末に創られ、今まで、およそ九百年以上の歴史があります。南宋、金、元、明、清各時代にわたってその形を変えながら、今日に至ります。複雑な歴史の中で太極拳の起源を探るのはきわめて難しいことなので、私の能力では遥かにおよびません。しかし、幸いなことに、十三勢という套路の復元と古拳譜との一致から、初めて太極拳の源流を証明できるようになりました。

しかし、このような結果は、あくまでも今までの先哲たちが残してくださった史料に基づくものです。唐豪、顧留馨両先生の研究がなければ、私のこの研究はありえませんし、武禹襄、李亦畬の「老三本」がなければ、今日の結論には至りません。したがって私の研究は先哲たちに多くを負っています。この研究を通じて、自分自身の太極拳に対する理解は深まり、私の太極拳観の樹立にとって非常に重要な10年間でした。

この一冊で太極拳の源流のすべてを語れるわけではありません。たとえば、誰が十三勢を創ったのか？　元代において十三勢はどのように伝えられたのか？……等々たくさんの問題が未解決のままです。この意味から言いますと、太極拳の源流と変遷の研究は始まったばかりとも言えます。最大の努力はしたつもりですが、私の能力は限られているので、いろいろな問題をまだ議論し続ける必要があると思います。皆様のご意見を拝聴し、これからの研究と実践に役立てたいと考えています。よろしくお願い申し上げます。

この本を出版するに当たり、大勢の方々から無私のご協力を頂きました。出版研究センターの林幸男社長、演劇評論家の河村常雄先生に、いちはやく出版社を紹介して頂き、そして、本の進展について関心を寄せて頂きました。二玄社の黒須雪子社長からは「いい本を作りますので、うちで出しましょう」と温かい言葉をかけて頂きました。担当編集者の結城靖博さんは太極拳の経験を生かして、いい本を仕上げるために、編集に尽力してくださいました。

長い間、日本に住んでいるせいか、「日本語が上手ですね」とよく言われます。しかし、いざ本を書くとなると、日本語は難しく、私にとってやはり外国語そのものです。この本のために、私は中国語で２回原稿を書き、それから日本語で２回書き直しました。その後、長岡千春さんにお願いして、その原稿をまた２回訂正して頂きました。そして二玄社の編集部に原稿を渡すためには、さらに原稿の調整が必要だと判断し、最後に私がいつもお世話になっている渡辺襄先生にそれをお願いしました。

渡辺先生は魯迅の仙台時代の研究に長くたずさわり、太極拳の先生でもあります。なによりも、先生は中国語の読解力に優れ、太極拳の歴史と伝統理論を深く研究していますので、この本にとって欠かせない存在でした。先生に原稿を送ってから４ヶ月経って、訂正して頂いた原稿が戻ってきましたが、元原稿が見えなくなるほど真っ赤に書き直された紙面を見て、私の日本語は一体何でしょう、と一瞬悔やまれました。けれども私の日本語のレベル云々よりも、渡辺先生に書き直して頂いたことで日本の皆様にこの本をより分かりやすく読んで頂けることこそが重要です。これ以上うれしいことはありません。編集者の結城靖博さんも、原稿の問題点を一つ一つ確認しながら、何度も何度も書き直して、出版する直前まで調整してくれました。

本の中の太極諸図と表は有田正子さん、堀内利恵子さん、中根愛弓さんと宮副昭彦さんのご協力によって作られたものです。

たくさんの方々のご協力によって《太極拳の源流を求めて》を出版することができました。この機会を借りて、すべての方々のご協力に、心から感謝を申し上げます。

2010年１月30日

陳　崢

主要参考文献

《中国武術百科全書》
　中国武術百科全書編集委員会編、中国大百科全書出版社、1998年

《太極拳研究》
　唐豪・顧留馨共著、中国人民体育出版社、1964年

《太極拳譜》
　沈寿考釈、中国人民体育出版社、1991年

《陳氏太極拳図説》
　陳鑫著、開封開明書局、1933年
　（原著は清末）

《砲捶——陳式太極拳第二路》
　顧留馨著、中国人民体育出版社、2005年

《全本周易》
　李伯欽、万巻出版公司、2005年
　（唐代・孔頴達の《周易正義》を解釈した文献）

《易経的知恵》
　殷呂珍著、甘粛文化出版社、2004年

《道徳経》
　李耳（＝老子）著、蔣信柏編著、藍天出版社、2006年
　（原著は春秋時代）

著者プロフィール

陳　崢（ちん・そう）

1957年１月19日、中国・黒龍江省に生まれる。
1976年、北京体育大学武術学部に入学。
1979年、同大学大学院に入学、1982年修了。

1982年より黒龍江省体育運動員会に勤務。
1984年、ハルビン体育大学講師となる。
1985年、日本体育大学大学院の研究生として来日。
（専攻＝太極拳の動作学の研究）
1990年に一旦帰国し、北京体育大学で教鞭をとる。

1993年に再度来日し、「太極養生道協会」を設立。
2007年、「未来の太極拳を考える会」設立。
太極拳と健康をテーマに東京・埼玉県を中心に教室を展開するほか、読売文化センターなどのカルチャー・スクール講師も務め、現在に至る。

太極拳《たいきょくけん》の源流《げんりゅう》を求《もと》めて——十三勢套路《じゅうさんせいとうろ》の発見《はっけん》——

2010年３月５日　初版印刷
2010年３月25日　初版発行

著　者　陳《ちん》　崢《そう》

発行者　黒須雪子
発行所　株式会社二玄社

東京都千代田区神田神保町2-2　〒101-8419
営業部＝東京都文京区本駒込6-2-1　〒113-0021
電話：03（5395）0511　FAX：03（5395）0515
URL http://nigensha.co.jp

ブックデザイン　藤本京子（表現堂）
印　刷　モリモト印刷株式会社
製　本　牧製本印刷株式会社

ISBN978-4-544-16103-8　C1075